다 음 세 대 를
살 리 는   교 사

contents

한 유치부 어린이가 엄마의 손을 잡고 시내를 걸어가고 있었습니다. 그때 마침 어린이가 교회 유치부 선생님이 지나가는 것을 보았습니다.

아이가 엄마에게 이렇게 말하였습니다. "엄마~ 하나님 지나가신다." 엄마는 "무슨 소리야? 누구라고? 교회 선생님이시잖아"라고 정정해 주었습니다. 아이가 말합니다. "아니야. 우리 하나님이셔."

엄마가 얼마나 당황했겠습니까?

나중에 자세히 알고 보니 교회에서 선생님의 말씀을 배우고 기억했던 것입니다. 선생님의 가르침 중에서 "헌금은 하나님께 드리는 것"이라고 배웠습니다. 유치부 아이들이 예배시간 중 헌금을 하는데 서기 선생님이 헌금 바구니를 가지고 가는 것을 보았습니다. 그래서 아이는 헌금 바구니를 가지고 가는 분이 하나님인 줄 알았던 것입니다.

50년 전, 예수님을 사랑하는 한 믿음의 어린이가 있었습니다. 이 아이는 헌금하려고 10원짜리 동전 하나를 손에 들고 교회에 가서 예배를 드립니다. 그날 부장님의 설교 말씀은 하나님의 자녀가 믿음으로 기도하면 하나님은 응답하신다는 내용이었습니다. 그런데 그 아이가 설교시간에 헌금을 손에 잡고 있다가 놓치는 바람에 마룻바닥 틈 사이로 10원짜리 동전이 들어가고 말았습니다. 이 아이는 어찌할 줄 모르고 있었습니다.

부장님은 설교를 마치고 그 어린아이 옆에 앉았습니다. 헌금시간이 돌아왔습니다. 이 아이는 하나님께 헌금하고 싶었습니다. 그때 설교 말씀이 기억나 무릎을 꿇고 기도합니다.

"하나님, 기도하면 응답한다고 말씀하셨죠. 제가 헌금하고 싶어서 10원을 가지고 왔는데 마룻바닥에 들어갔어요. 어떡해요. 하나님, 헌금할 수 있도록 도와주세요."

부장님이 어린이의 기도 소리를 듣고 주머니에서 10원을 꺼내 그 아이 앞에 놓았습니다. 어린이가 기도하고 눈을 떠 보니 10원이 있는 것입니다. 얼마나 감격했는지 아이는 평생 하나님은 기도에 응답하시는 분이라고 확신하며 살았습니다. 그 아이는 커서 목사가 되었습니다.

미래는 자라나는 다음 세대의 손에 달려 있습니다. 다음 세대는 부모들과 교사들의 손에 달려 있습니다. 올곧게 자라나는 믿음의 다음 세대가 되려면 누구와 함께 생활하고 자라느냐에 따라 달라집니다. 또 누구에게 가르침을 받아 영향을 받느냐에 따라 다음 세대의 미래는 달라집니다.

교사가 하나님을 사랑하고, 뜨거운 열정으로 섬기며, 언제 어디서나 진실하다면, 그 모습을 보고 다음 세대는 그대로 배워갑니다. 교사의 기도대로, 다음 세대는 믿음의 사람이 됩니다.

다음 세대, 안된다고 말하는 시대 속에서 이대로 포기할 수 없습니다. 다음 세대 사역은 하나님의 사역이기에 세상적인 방법으로 살릴 수 없습니다. 프로그램이나 방법, 재정이나 건물, 이벤트 등으로는 다음 세대를 살릴 수 없습니다.

다음 세대의 대안은 아무리 생각해도 교사입니다. 하나님의 교사입니다. 사역은 관계로 하는 것이며 신뢰로 하는 것입니다. 기도로 하는 것이고 사랑으로 하는 것입니다. 이 시대에 하나님의 손에 붙잡힌 교사들이 있다면 다음 세대는 희망이 있습니다.

오늘도 다음 세대를 믿음의 세대로 살리고 세우기 위해 사역의 최일선에서 열심히 뛰고 있는 사랑하는 지도자들과 교사들에게 조금이나마 격려가 되고 힘이 되기를 바라는 마음에서 이 책을 준비했습니다. 이 책을 통해 하나님의 은혜를 교사들이 경험하여 두 주먹을 힘 있게 쥐고 다시 일어나, 주님 기뻐하시는 다음 세대에게로 달려가기를 기대합니다.

책이 나오도록 격려해주시고 지지해 주셨던 따스한 이야기 출판사 김현태 대표님과 다음 세대의 비전을 현장 속에서 적극적으로 응원해주시고 기도해 주시는 사랑하는 충정교회와 다음 세대를 위해 헌신하는 귀한 분들에게 고마움을 전합니다.

교사들을 통해 다음 세대가 견고하게 세워지기를 바라며, 모든 영광을 온전히 하나님께 돌립니다.

평생 교회와 다음 세대를 향한 가슴 뛰는 꿈을 꾸는

최규명 목사

최규명 지음

아이들이 교회를 떠나고 있습니다.
정확히 말하면 예수님에게서 떠나고 있습니다.
하지만 다음 세대를 향한 대안이 분명히 있습니다.
교사가 살면 다음 세대가 살 수 있습니다.

다음
세대를
살리는
교사

01

다음 세대와
비전

자녀교육은 선택 사항이 아니라 필수 사항입니다.
교회도 마찬가지입니다. 우리 교회가 다음 세대를 섬기는 것은
선택 사항이 아니라 필수적인 사항입니다. 우리가 다음 세대를
위해서 더 많이 집중하고 더 많이 투자하여 우리 세대보다는
다음 세대가 더 큰 부흥의 세대가 될 수 있기를 간절히 원합니다.

The teacher
who saves
the next generation

CHAPTER
01

다음 세대와
비전

다음 세대를 위한 대안,
비전입니다

"묵시가 없으면 백성이 방자히 행하거니와 율법을
지키는 자는 복이 있느니라"(잠 29:18).

비전의 사람이 되기를 축복합니다. 사람은 밥을 먹고 사는 것이 아니라 비전을 먹고 삽니다. 하나님의 비전이 있을 때 그것이 나를 움직이며 헌신케 하며 주님께서 우리를 이끄시는 아름다운 현장을 보게 됩니다

성경의 '묵시'라는 단어는 비전, 꿈, 목표, 방향이라는 말로 바꿀 수 있습니다. 사람이 목표가 없으면, 비전이 없으면 백성은 방황한다는 것입니다. 내가 어떤 사람이고 무슨 일을 해야 하는지 잘 모르면 방황합니다. 괜히 쓸데없이 왔다 갔다 하며 시간을 낭비하게 됩니다. 해야 할 일을 모르고, 내가 누군지도 모르고, 주께서 나에게 허락하신 계획이 무엇인지 모르며, 내게 맡긴 일을 모르는 인생은 시간을 낭비합니다. 교회도 마찬가지이고 우리의 인생도 마

찬가지입니다.

필자는 교사들이 교회와 다음 세대를 위해 헌신하는 것이 너무 귀하고 참으로 감사합니다. 하나님의 사랑이 부어지고, 비전이 부어져서, 마음이 움직인 것입니다. 비전이 있으니까 새벽부터 저녁까지 땀 흘리고 수고하면서도 기뻐하는 것입니다. 하나님의 마음이 있고 주의 비전이 있으니까 그 비전이 여러분들을 아름답게 사용해주시는 것입니다.

필자는 여러분들이 하나님의 큰 꿈을 갖기를 축복합니다. 정말 우리가 상상할 수 없는 일들이 우리의 인생 가운데 펼쳐질 것입니다. 왜 큰 꿈을 갖고, 왜 위대한 꿈을 가져야 합니까? 하나님이 크신 분이기 때문에 그렇습니다.

"기록된 바 하나님이 자기를 사랑하는 자들을 위하여 예비하신 모든 것은 눈으로 보지 못하고 귀로 듣지 못하고 사람의 마음으로 생각하지도 못하였다 함과 같으니라"(고전 2:9).

앞으로 1년, 2년 후와 우리의 미래, 교회의 미래, 자녀의 미래, 가정의 미래, 인생의 미래에 지금까지 눈으로 보지 못했던 놀라운 축복이 부어질 것입니다. 예전에 한 번도 듣지 못했던 하나님의 음성을 듣게 될 것입니다. 마음으로 생각지도 못했던 것들을 꿈꾸는

데 그것이 현실로 이루어질 것입니다. 하나님께서 우리를 위해 예비하신 것은 어마어마하게 큽니다.

"나는 안 돼. 나는 못 해. 나는 배운 게 없어. 나는 경험이 없어. 나는 능력이 없어…"라고 하지 마십시오. 그렇지 않습니다. 여러분들이 과거에서 해방될 수 있기를 축복합니다. 미래의 사역뿐만 아니라 하나님께서 여러분들을 향한 위대한 계획이 있다는 것을 믿으십시오. 여러분들이 지금까지 한 번도 보지 못했던 것을 보게 될 것이라고 약속하고 계십니다.

하나님의 영광을 위한 꿈, 하나님의 영광을 위한 비전이 있어야 합니다. 많은 사람은 과거의 경험과 지식과 나이, 이런 것을 자꾸 앞장세우는데, 하나님이 아브람을 75세에 불렀습니다. 우리가 핑계하지 못하도록 하기 위함입니다. 하나님이 모세를 80세에 불렀습니다. 79세의 모세와 80세의 모세는 같을까요, 다를까요? 79세의 모세는 광야에서 40년 동안 양과 놀며, 아무런 미래도 계획도 없이 살아갔습니다. 그러나 모세는 80세에 위대한 비전, 하나님의 비전을 받고 이전에는 한 번도 보지 못하고 듣지 못했던 사역, 애굽 땅에서 430년 동안 노예로 살던 사람들을 구출하는 일을 합니다. 이것이 쉽겠습니까?

만약에 우리에게 지금 북한에 가서 동포를 구해오라고 하면 할 수 있겠습니까? 가면 바로 죽습니다. 그런데 하나님은 그렇게 연약했던 모세가 80세 때 애굽의 왕, 바로 앞에서 10가지 재앙을 내리게 하였습니다. 그전에 보지도 못했고, 듣지도 못했던 것이었습니다. 상상하지도 못했던 것이었는데 현실 속에서 하나님이 함께 하시니 위대한 역사의 주역이 되었던 것입니다.

여러분들이 받은 하나님의 꿈, 하나님의 비전이 무엇인지 생각해보시기 바랍니다. 그것만 생각하면 가슴이 뛰고, 밥을 먹지 않아도, 잠을 자지 않아도, 하나님의 은혜와 계획, 꿈과 비전 때문에, 가슴 벅찬 마음 때문에 쓰임 받는 역사가 있기를 축복합니다.

하나님이 우리를 부르신 이유가 무엇인지 아십니까?

"우리는 그가 만드신 바라 그리스도 예수 안에서 선한 일을 위하여 지으심을 받은 자니 이 일은 하나님이 전에 예비하사 우리로 그 가운데서 행하게 하려 하심이니라"(엡 2:10).

이래 봬도 우리가 하나님의 작품입니다. 다 하나님의 멋진 작품입니다. 주께서 우리를 지으시고 이렇게 말씀하셨습니다. "심히 좋았더라."

하나님께서 우리를 향하신 계획은 크십니다. 그런데 그 큰 계획은 하나님이 볼 때는 아무것도 아닙니다. 하나님은 전능하신 분이시고, 크신 분이시고, 위대한 분이기 때문에 그렇습니다.

하나님의 선한 일은 무엇일까요? 정말 어떤 비전의 사람이 되어야 할까요? 하나님이 없는 꿈과 계획은 다 허사입니다. 하나님 안에서의 꿈, 하나님 앞에서의 선한 일에 대한 비전, 이 마음을 갖고 살아갈 수 있다면, 정말 복된 인생이 아니겠습니까?

먼저 일하기 전에, 비전을 보아야 그 일이 재미있고 감동이 있고 축복이 있는 줄로 믿습니다. 그래서 사역하기 전에 먼저 해야 할 것은 비전을 보는 것입니다.

성경에서 제시하는 세 가지 비전을 절대로 놓치지 마시기 바랍니다. 하나님의 비전을 보아야 헌신하게 되고, 쓰임 받게 되는 축복이 있다는 것입니다. 여러분들이 비전 앞에 눈을 뜰 수 있기를 축복합니다. 그 비전에 인생을 걸 수 있길 바랍니다.

그냥 물 흐르는 대로 사시면 안 됩니다. 언제까지 남들이 사는 대로 똑같이 따라가면서 사시겠습니까? 한눈팔고 방황할 때가 아닙니다.

"묵시가 없으면 백성이 방자히 행하거니와 율법을 지키는 자는 복이 있느니라"(잠 29:18).

분명한 인생, 목적이 이끄는 인생, 하나님 앞에 우리의 생애를 헌신하며 가치 있게 올려드리는 인생 되기를 축복합니다.

첫 번째, 하나님 자신에 대한 비전입니다.

하나님 자신의 비전이 우리에게 부어지기를 축복합니다. 하나님은 누구십니까? 하나님은 온 인류를 다스리고 주관하시는 주권자이십니다. 그것을 믿고 받아들이는 자는 축복입니다. 주님이 얼마나 기뻐하시는지, 주님이 얼마나 우리를 사랑하시는지, 우리를 향한 계획을 말씀을 통해 하나씩 알아가야 합니다.

하나님은 우리가 이 땅에 살아가는 동안에, 무슨 일을 하기 전에 하나님의 마음을 알기를 원하십니다. "너는 무슨 일을 하기 전에 내가 무엇을 원하는지 알고 있니? 너 혹시 나를 알고 있니?"라고 물어보실 것입니다.

함께 찬양하고 율동 하는 것이 정말 아름답지만, 찬양하고 율동 하는 이유를 알아야 할 것 아니겠습니까? 남 뛴다고 뛰고, 넘어진다고 넘어질 수는 없습니다. 의미를 알아야 합니다. 하나님을 정말 높이고 있는지, 하나님의 은혜를 누리면서 사역하고 있는지를 세밀하게 점검해야 합니다.

하나님께서 얼마나 지혜로우신지를 말씀을 통해 배우셔야 합니다. 성경에서 하나님이 강조하고 싶으신 것이 무엇인지 아십니까? 신학적 용어로는 하나님의 자기 계시, 즉 하나님이 말씀을 통해 하나님 자신을 보여주는 것입니다. 하나님이 누구십니까? 하나님이 무엇을 슬퍼하실까요? 하나님이 무엇 때문에 춤추실까요?

그 모든 것을 말씀을 통해 보여주십니다. 말씀을 통해 하나님이 누구신지를 발견하는 것입니다. 말씀을 통해 하나님이 나를 사랑하신다는 것, 하나님의 계획이 너무 크시다는 것, 하나님이 지혜로운 분이시란 것, 하나님이 온 땅을 다스리시다는 것, 하나님을 알아가는 것은 너무나도 중요한 일입니다.

신앙생활 속에서 하나님을 깊이 알아가기를 축복합니다. 하나님 자신을 알아가는 것입니다. 하나님에 대해서가 아니라, 하나님 그분 자체를 아는 것입니다. 그분은 어떤 분이시며, 어떤 마음이 있는지를 아는 것입니다. 주님이 무엇을 원하시는지 알아가는 것, 이것이 첫 번째입니다.

두 번째, 다음 세대 영혼에 대한 비전입니다.

특별히 교사들은 다음 세대 영혼에 대한 비전을 가져야 합니다. 다음 세대의 비전을 보는 것은 너무 중요합니다. 다음 세대의 비전을 보는 사람은 견딜 수 없는 마음이 생깁니다. 다음 세대에 대해 미치는 것입니다. 다음 세대에 목숨을 걸 수 있습니다.

교사들이 다음 세대의 비전을 보지 못하면 헌신하지 못합니다. 영혼에 대한 비전이 있어야 달려가고 싶은 열망이 타오릅니다. 그 마음이 있어야 합니다. 어린이가 거리에 지나가는데 그 어린이와 내가 상관이 없으면 안 됩니다. 그 영혼에 대한 비전이 뜨겁게 우리에게 품어져야 합니다. 저들이 주님을 만나야 한다는 뜨거운 열망이 있어야 합니다.

다음 세대의 비전이 있어야 다음 세대를 축복하고, 섬기고, 돌보는 마음이 생겨나는 것입니다. 다음 세대의 비전을 보지 못하면 도울 수가 없습니다. 그들의 필요를 보아야 합니다.

"무리를 보시고 불쌍히 여기시니 이는 그들이 목자 없는 양과

같이 고생하며 기진함이라"(마 9:36).

이 마음, 바로 예수님의 마음이 여러분들에게 부어지기를 축복합니다. 예수님은 무리의 겉모습을 보는 것이 아닙니다. 그들의 영혼을 보며 불쌍히 여기시고, 창자가 뒤틀리며 뼈를 깎는 아픔을 갖고, 저들이 목자를 만나지 못해 헤매고 쓰러지고 지쳐있고 방황하고 있는 모습을 보아야 합니다. 그래야 제자를 파송하고 복음을 증거할 수 있습니다.

예수님은 전파하고 가르치고 치유하는 세 가지 사역을 하셨습니다. 하지만 중요한 것은 사역이 아니라 사역하기 전에 반드시 영혼의 필요를 봐야 합니다. 저들이 주님을 만나지 못하면 안 됩니다. 주님을 만나지 못하면 이 땅 가운데 소망이 없습니다. 이 뜨거운 마음이 불일 듯 우리에게 일어나기를 기도합니다. 그래야 우리에게 헌신하고 달려갈 수 있는 뜨거운 마음이 넘치는 줄로 믿습니다.

영혼에 대한 비전, 하나님이 무엇을 원하시는지, 전 세계의 사람들이 돌아오기를 원하는 하나님의 마음을 알 뿐만 아니라 영혼들을 바라보며, 다음 세대를 바라보며 그들의 겉모습이 아니라 영적인 눈으로 저 영혼이 주님을 진짜로 만났는지를 보기를 축복합니다. 그 안타까운 마음이 부어져야 생명의 복음을 전하는, 영혼을 살리는 하나님의 사람이 되는 것입니다. 그 영혼이 주님을 만나는 데 초점을 맞추고 인생을 걸어야 합니다.

아이들은 꽃입니다. 아이들은 벌레 먹은 꽃입니다. 누가 감히 어린이들을 백지와 같다고 했습니까? 성경에 나와 있나요? 그들은 죄인입니다. 다음 세대는 죄인입니다. 그들도 주님을 만나야 합니다.

아이들 사역은 어른들의 예배에 방해가 되기 때문에 아이들을 따로 모아 돌보아 주는 곳이 교육부서가 아닙니다. 복음이 선포되고, 영혼들이 주님을 만나고, 그리고 영혼들이 헌신하는 아름다운 곳입니다.

우리 마음속에 가져야 할 비전은 영혼의 비전, 주님의 시선으로 바라볼 수 있는 뜨거운 비전입니다. 목숨 걸고 복음을 전해야 합니다. 그들이 정말 주님을 깊게 만나도록 말씀을 선포해야 합니다. 교회까지 왔는데, 예배까지 드리는데, 찬양까지 하는데, 말씀까지 듣는데, 주님을 못 만난다면 이런 안타까운 일이 어디 있겠습니까?

다음 세대들은 영적으로 잃어져 있습니다. 영적으로 죽어가고 있습니다. 아니, 영적으로 죽은 상태입니다. 마른 뼈들과 같습니다. 그들에게 다가가서 하나님의 사랑을, 축복을, 은혜를 나누는 하나님의 사람이 되어야 합니다.

사람들의 겉모습을 보고 여러분들이 악인의 형통을 부러워하지 않기를 축복합니다. 그런 것을 부러워하지 말고 그들의 영혼이 비참해져 있는 것을 봐야 합니다. 영적인 눈을 열어야 합니다. 그래야 간절함을 갖고 복음을 전하고 초청하는 마음이 생깁니다.

허드슨 테일러는 중국의 필요를 보았습니다. 그래서 중국으로 갔습니다. 윌리엄 캐리는 인도의 필요를 보았습니다. 그래서 인도로 갔습니다. 짐 엘리엇은 아우카 족의 필요를 보았습니다. 찰스 스펄전은 영국 런던 도시의 잃어진 젊은이들을 보았습니다. 웨슬리도 마찬가지고, 에이미 카마이클은 인도의 필요를 보았습니다. 그들의 필요를 보았기 때문에 견딜 수 없는 것입니다. 인생을 드리는 것입니다. 하나님께서 바라보는 그 시각으로 바라보는 인생이야말로 가치 있는 인생이 아니겠습니까!

필자는 여러분들이 영혼에 대한 눈이 열릴 수 있기를 축복합니다. 그냥 사는 것이 다 잘 사는 것이 아니라 영적인 필요를 볼 때 우리의 마음이 헌신되고 올인되는 놀라운 축복이 있습니다. 저들이 주님을 만나야 합니다. 주님을 못 만나면 안 됩니다. 그래서 예레미야 같은 사람들은 영적으로 잃어진 영혼들을 바라보고 잠을 잘 수가 없었습니다. 눈물로 기도했습니다.

"그들의 마음이 주를 향하여 부르짖기를 딸 시온의 성벽아 너는 밤낮으로 눈물을 강처럼 흘릴지어다 스스로 쉬지 말고 네 눈동자를 쉬게 하지 말지어다 초저녁에 일어나 부르짖을지어다 네 마음을 주의 얼굴 앞에 물 쏟듯 할지어다 각 길 어귀에서 주려 기진한 네 어린 자녀들의 생명을 위하여 주를 향하여 손을 들지어다 하였도다"(애 2:18-19).

"누구든지 주의 이름을 부르는 자는 구원을 받으리라 그런즉 그들이 믿지 아니하는 이를 어찌 부르리요 듣지도 못한 이를 어찌 믿으리요 전파하는 자가 없이 어찌 들으리요 보내심을 받지 아니하였으면 어찌 전파하리요 기록된 바 아름답도다 좋은 소식을 전하는 자들의 발이여 함과 같으니라"(롬 10:14-15).

저와 여러분들은 보내심을 받은 자인 줄로 믿습니다. 내가 보냄을 받은 자니까 가는 겁니다. 그리고 전하는 겁니다. 전하는 것이 있으니까 듣는 것입니다. 듣는 것이 있으니까 믿는 것입니다. 믿으니까 고백하게 되는 것입니다. 그러므로 구원이 이루어지는 것입니다. 하나님의 비전을 가져야 합니다. 영혼에 대한 비전을 가집시다.

세 번째, 복음에 대한 비전입니다.

사람을 변화시키는 것, 사람을 바꾸는 것, 사람을 새롭게 하는 것, 교회를 새롭게 하는 것, 이 땅을 새롭게 하는 것은 오직 성령을 통한 복음의 비전이 있을 때 가능합니다. 나를 바꾸는 것이 복음이라면, 이 복음은 얼마든지 세상을 바꾸는 힘이 있는 줄로 믿습니다.

"내가 복음을 부끄러워하지 아니하노니 이 복음은 모든 믿는 자에게 구원을 주시는 하나님의 능력이 됨이라"(롬 1:16).

할렐루야! 내가 바꾸는 것이 아니라, 복음이 바꾸는 것입니다. 한국의 여러 교회가 잘못 판단을 했습니다. 많은 아이가 재미가 없어서 교회 안 온다고 여겨서 재미있는 프로그램을 다 도입했습니다. 그러나 해석을 잘못한 것입니다. 완전히 예배가 엉망이 되고 말았습니다. 그 이상하고 재미있는 프로그램과 게임이 아이들을 만족시킬 수 있을까요? 세상을 따라갈 수 있을까요? 컴퓨터나 스마트폰의 게임과 재미를 따라갈 수 있을까요?

학생들이 재미가 없다는 것은 '저는 예수님을 만나고 싶어요' 라는 뜻입니다. 주님을 못 만나니 자꾸 이 핑계 저 핑계 대면서 재미없다고 말하는 겁니다. 재미있는 것은 하지 말자는 것이 아닙니다.

우리가 무엇을 전해야 할지를 분명히 알 수 있는 여러분 되기를 바랍니다. 여기는 교회입니다. 여기는 학원이 아닙니다. 교회에서는 세상에서 줄 수 없는, 세상에서 들을 수 없는 메시지가 교회를 통해서 전달되어야 할 줄로 믿습니다. 기억하세요. 복음은 모든 믿는 자에게 구원을 주시는 하나님의 능력이 됩니다.

교회에 다음 세대가 왜 안 나오는지 아십니까? 교회에서 복음다운 복음을 똑바로 전해주지 않으니, 말씀을 제대로 해석하고 제대로 전하지 않으니 안 나오는 것입니다. 그들의 비위를 맞추는 데만 급급하면 안 됩니다. 비위만 맞추면 오래가지 못합니다. "간식을 주지 말자" 이런 말이 아닙니다. 필자는 학생들이 정말 교회에서 마음껏 행복하고 즐겼으면 좋겠습니다.

그들이 교회에 와서 주님을 만나고, 복음을 듣고, 구원의 감격을 누리며, 하나님의 일꾼들로 세워질 수 있다면, 이것이야말로 우리 교회를 향한 하나님의 놀라운 계획과 목적이 아니겠습니까?

재능이 많으면 그 재능이 아이들을 바꾸던가요? 그렇지 않으니다. 여러분의 경험과 능력과 은사만을 가지고는 아이들을 변화시킬 수 없습니다. 주님은 그렇게 쓰신 적이 없습니다. 원색적인 복음, 분명한 복음만이 사람을 바꿉니다. 하나님이 정말 우리를 사랑하신다는 메시지가 분명히 찬양을 통하여, 말씀을 통하여, 선생님의 얼굴을 통하여 흘러갈 때 영혼이 사는 것입니다.

어린 심령들이 교회에 와서 통곡해야 합니다. 가슴을 찢어야 합니다. 내가 죄인인 것을 인정하고 통곡을 해야 합니다. 그래서 그 속에서 나를 위해 예수님께서 십자가에서 죽으시고 살아났다는 놀라운 사실을 붙잡을 수 있고, 사모할 수 있고, 만날 수 있는 것입니다. 우리들의 교회에 복음과 사랑으로 다음 세대를 일으킬 수 있는 역사가 있기를 축복합니다.

"너희는 온 천하에 다니며 만민에게 복음을 전파하라"(막 16:15).

"복음을 전파하라"라는 구절이 성경에 많습니다. "복음으로 승부하라!" 왜냐하면 나를 바꾼 것이 복음이기 때문입니다. 세상을 바꾸는 것은 복음입니다. 물론 이것을 사랑이라는 그릇으로 담아가야 합니다. 겸손의 그릇에 담아가야 합니다. 하지만 영혼을 살리는 것은 간식이나 게임이 아닙니다. 복음을 전해야 합니다. 복음을!

교회는 유람선이 아니라 구조선입니다. 교회에서 교제가 필요

없다는 얘기가 아닙니다. 교제하기 위해서 우리를 구원한 것이라면 당장 죽어 천국 가서 주님과 교제하는 것이 훨씬 더 좋습니다. 우리만 잘 먹고 잘사는 것은 주님의 뜻이 아닙니다. 주님은 교회가 유람선을 뛰어넘어 구조선이 되기를 바라십니다. 지금도 지옥으로 떠내려가고 죽어가고 있는 수많은 영혼의 필요를 알고 복음 들고 갈 사람을 기대하고 있는 것입니다.

나이 많다고 핑계 대지 마시고, 경험이 없다고 핑계 대지 마시고, 재능 없다고 핑계 대지 마시고, 몸이 아프다고 핑계 대지 마십시오. 우리의 사명을 깨닫고 복음으로 승부할 때 우리의 인생도 달라지는 역사가 일어나게 되는 것입니다.

"내가 진실로 진실로 너희에게 이르노니 나를 믿는 자는 내가 하는 일을 그도 할 것이요 또한 그보다 큰일도 하리니 이는 내가 아버지께로 감이라"(요 14:12).

베드로는 성령의 충만함을 받으니 한 번도 보지도 못하고 듣지도 못한 역사의 주역으로 쓰임 받는 인물이 되었습니다. 베드로가 앉은뱅이 손을 잡고 일으키자 앉은뱅이가 일어났습니다. 베드로가 복음을 전하자 3천 명, 5천 명이 주 앞에 돌아오고 세례받는 역사가 일어났습니다.

베드로에게 성령께서 임하시니까 아나니아 삽비라가 하나님을 속인 것을 아는 것입니다. 성령께서 베드로의 마음에 은혜를 주시기 시작하자, 주 앞에서 멋지게 쓰임을 받습니다.

예수님을 우리 안에 모시고 사역하면 우리를 통해서 하나님은 위대한 일을 펼쳐나가시는 것입니다. 예수님이 우리를 향해서 놀라운 일을 하실 줄로 믿습니다. 예수님이 우리 안에 계십니다. 예수님이 우리와 함께 하십니다. 우리와 동행하십니다. 우리를 도우십니다. 우리를 쓰실 것입니다.

주님께서 주신 이 놀라운 비전에 여러분의 인생을 드린다면, 가치 있는 인생, 축복의 인생이 됩니다. 정말 영광스러운 복된 인생으로 쓰임 받을 것입니다. 오래 사느냐, 잘 사느냐는 세상적인 꿈이 아니라, 하나님 안에서의 꿈, 하나님의 비전, 하나님이 무엇을 기뻐하실까를 말씀을 통해 배우고 이 세상을 향한 필요에 대한 비전을 보기를 축복합니다. 내 실력이 아니라 성령의 능력을 통한 복음의 비전이 얼마나 탁월한지를 알게 되기를 축복합니다.

이 복음은 깡패가 변해서 목사가 되게 하는 놀라운 능력이 있습니다. 이 복음을 가지고 있는 여러분들이 이 땅을 새롭게 할 위대한 비전의 사람으로, 주역의 사람으로 쓰임 받을 수 있기를 축복합니다. 다음 세대를 위한 대안은 비전의 사람입니다.

다음 세대를 위한 대안,
바통 터치입니다

"그 세대의 사람도 다 그 조상들에게로 돌아갔고 그 후에 일어난 다른 세대는 여호와를 알지 못하며 여호와께서 이스라엘을 위하여 행하신 일도 알지 못하였더라"(삿 2:10).

예수 믿는 사람들은 세상을 축복할 수 있는 특권이 있습니다. 부모는 자녀를, 교사는 다음 세대를 축복하는 권세가 있습니다. 예수 이름으로 마음껏 자녀와 다음 세대를 축복할 때 하나님의 은혜의 역사가 더 크게 흘러갈 것입니다.

우리의 다음 세대는 너무나 소중합니다. 그러나 다음 세대보다 사실 더 중요한 사람이 있습니다. 그 사람들은 지도자이고 부모이고 우리 기성세대입니다. 왜냐하면, 우리가 잘 준비되면 우리를 만나는 수많은 다음 세대는 희망적인 믿음의 세대가 될 수 있기 때문입니다. 하지만 우리가 잘 준비되지 않은 사람이 되면 우리를 통해서 다음 세대 자녀들이 망가지는 세대가 되고 말 것입니다. 소중한 여러분이 잘 준비되고 잘 세워지면 여러분을 통해서 자녀들과 다음 세대가 희망적인 믿음의 세대, 예배의 세대가 될 줄로 믿습니다.

필자는 여러분들이 위험한 세대가 되지 않기를 축복합니다. 여러분이 준비되지 않고 우리가 망가지면 우리만 망가지는 것이 아니라 우리를 통해서 우리의 다음 세대가 망가집니다. 그래서 여러분이 정말 소중한 사람으로, 준비된 사람으로 다음 세대에 날개를 달아주는 신실한 일꾼 될 수 있기를 축복합니다. 위험한 사람이 되지 말고 소중한 사람이 되시기를 바랍니다.

하나님은 영원하신 하나님이십니다. 처음과 나중 되시고 알파와 오메가 되시기에 하나님은 우리의 생애를 통해서 영광을 받으셔야 할 뿐만 아니라 우리의 다음 세대를 통해서도 영광을 받으셔야 합니다. 그래서 우리만 잘하는 것뿐 아니라 다음 세대 영혼들도 믿음의 세대로 세워야, 하나님께서 저들의 생애를 통해서 영광을 받아 주실 것입니다.

부모님은 목사님, 장로님, 권사님, 집사님, 하나님을 섬기는 사람인데, 그 다음 세대 영혼들이 교회를 떠나고 있습니다. 하나님을 믿지 못하고 있습니다. 교회는 나오고 예배를 드리는데 주님을 만나지 못하고 그냥 억지로 예배 참석하며 살아가는 그런 영혼들, 결국은 교회를 벗어나고 떠나가는 영혼들이 얼마나 많이 있는지 모릅니다.

우리의 기성세대는 하나님을 체험한 세대입니다. 모세 시대처럼 말입니다. 출애굽의 과정은 사람이 할 수 없습니다. 하나님이 하신 일입니다. 광야 40년을 어떻게 설명할 수 있겠습니까? 홍해를 건너는 일이 어떻게 있을 수가 있겠습니까? 또 만나와 메추라기, 물, 구름기둥, 불기둥, 하나님을 체험한 모세 시대 아닙니까! 그런데 그 다음 세대는 직접 하나님을 체험한 세대가 아니라 하나님을 들어서 아는 세대입니다.

우리 세대는 기도를 경험한 세대입니다. 응답받은 세대입니다. 우리는 예배하면서 바로 응답받은 세대입니다. 그런데 우리 자녀들은 그런 세대가 되지 못합니다. 하나님을 직접 체험한 세대가 아니라 들어서 아는 세대입니다. 얼마나 안타깝습니까? 저들이 어릴 때부터 우리를 통해서 믿음의 세대로 온전히 세워져야 하나님께서 다음 세대를 통해서 영광을 받아 주실 것입니다.

우리에게 자녀교육이 얼마나 중요합니까? 자녀교육은 선택 사항이 아니라 필수 사항입니다. 교회도 마찬가지입니다. 우리 교회가 다음 세대를 섬기는 것은 선택 사항이 아니라 필수적인 사항입니다. 우리가 다음 세대를 위해서 더 많이 집중하고 더 많이 투자하여 우리 세대보다는 다음 세대가 더 큰 부흥의 세대가 될 수 있기를 간절히 원합니다.

"그 세대의 사람도 다 그 조상들에게로 돌아갔고 그 후에 일어난 다른 세대는 여호와를 알지 못하며 여호와께서 이스라엘을 위하여 행하신 일도 알지 못하였더라"(삿 2:10).

이럴 수가 있습니까? 성경을 읽다가 가장 안타까운 구절, 가장 마음 아픈 구절이 이 구절이 아닌가 싶습니다. 기성세대는 하나님을 아는 세대이고 하나님이 행하시는 일들을 아는 세대인데, 그 다음 세대는 하나님을 알지 못하다니요? 하나님이 누구신지, 하나님이 무슨 일을 하셨는지 알지 못하는 것입니다. 왜요? 체험하지 못했고 들려주지 못했고 부모들이 바쁘다는 이유로, 돈을 벌어야 한다는 이유로 우리 자녀들이 지금 무엇을 하는지 그냥 방치하며 생활하기 때문입니다.

정말 자녀들이 믿음으로 온전케 되고 하나님의 영광을 위해서 멋지게 살아가는 자녀가 되기를 원하십니까? 정말 그런 자녀들을 키우고 싶습니까? 혹시 여러분의 구호는 이거 아닙니까? "믿음으로 온전히 살아라"가 아니라, "항상 공부해라. 쉬지 말고 공부해라. 범사에 공부해라. 이는 너를 향한 엄마의 뜻이니라." 이런 부모가 되어서는 안 됩니다. 우리의 다음 세대를 믿음의 세대로, 예배의 세대로, 부흥의 세대로 세우는 우리 모두가 될 수 있기를 축복합니다.

"하나님은 모든 사람이 구원을 받으며 진리를 아는 데에 이르기를 원하시느니라"(딤전 2:4).

하나님께서 원하시는 부흥이 있습니다. 하나님께서는 전도를 통해서 교회가 부흥되기를 원하십니다. 하나님의 뜻은, 하나님의 마음은 모든 사람이 구원받는 것입니다. 수평 이동이 아니라, 믿지 않는 영혼들에게 복음을 전하고, 그들이 주님 앞에 돌아오는 것을 주님께서 원하시는 줄로 믿습니다. 이 땅의 잃어진 영혼들이 주님 앞에 돌아오는 것을 위해서 여러분의 교회가 세워진 줄로 믿습니다.

전도와 선교는 두 가지 측면에서 살펴볼 수 있습니다. 하나는 수평적인 전도와 선교이며 또 하나는 수직적인 전도와 선교입니다.

첫 번째, 수평적인 전도란, 나로 인해서 국내외 할 것 없이 예수 믿지 아니하는 사람들에게 복음을 전하는 것이라고 할 수가 있습니다. 같은 시대를 살아가는, 예수님을 믿지 않는 수많은 사람에게, 옆에 있는 친구들과 옆에 있는 이웃들에게 복음을 전하여 예수님을 믿게 하는 것, 주님 앞에 돌아오게 하는 것입니다.

어떻게 이것이 가능할 수 있을까요? 마태복음 28장에 예수님의 지상에서의 마지막 명령이 나오고 있습니다. "너희는 가서 모든 족속으로 제자를 삼아"라고 말씀하고 있습니다.

이 하나님의 말씀을 나에게 주신 하나님의 음성으로 듣고 받을 때, 전도의 말씀을 '아멘'으로 받을 때, 그 사람을 통해서 가족과 친척, 친구와 이웃, 도시와 민족, 그리고 세계의 모든 영혼에게 복음이 전해질 때, 그들은 예수님을 믿고 구원받게 될 것입니다. 하나님의 말씀을 나에게 주시는 말씀으로 받는 것입니다. 만약 하나님의 명령을 나에게 주시는 말씀으로 받지 않으면 우리의 가족이나 친척, 친구나 이웃들에게 전도할 수 없으며 구원할 수 없습니다. 이 말씀이 목사님이나 다른 사람에게 들려주는 메시지가 아니라 오늘 나에게 주시는 하나님의 말씀으로 믿는다면 여러분들을 통해서 가족과 친척과 친구와 이웃과 민족과 열방에게 복음을 전하게 될 것이고, 그들이 주님 앞에 돌아오는 역사가 나타날 것입니다.

"너희는 가서"입니다. '가서'라는 말씀은 앉아있는 것을 말하는 것이 아닙니다. 순종이나 행동을 말씀하는 것입니다. "너희는 가서 모든 민족으로 제자를 삼고" 이 말씀을 나에게 주신 하나님의 말씀으로 받는다면 그 사람을 통해서 놀라운 일들이 일어날 것입니다.

"또 이르시되 너희는 온 천하에 다니며 만민에게 복음을 전파하라"(막 16:15).

마가복음 16장에도 예수님의 전도의 명령이 나와 있습니다.

"너희는 온 천하에 다니며" 이 메시지를 나에게 주시는 말씀으로 받을 수 있다면 우리 주위에 있는 많은 사람은 우리 때문에 예수님을 만나는 역사가 일어날 것입니다.

지금으로부터 135년 전에 미국에서 하나님의 말씀 중 전도의 메시지를 듣고 묵상하다가 이 말씀이 자신에게 들리기 시작한 사람이 있습니다. "너희는 가서", "너희는 온 천하에 다니며" 이 말씀이 다른 사람에게 하는 말씀이 아니라 하나님께서 나에게 주시는 말씀으로 받고 순종한 언더우드와 아펜젤러가 조선 땅에 오게 됩니다.

이 선교사님들은 20대에 하나님 말씀을 들었는데, 그 메시지를 내게 주신 말씀으로 받기 시작한 것입니다. 그래서 순종하고 떠나기를 시작한 것입니다. 저 동방의 나라 조선의 땅, 이 작은 나라에 주의 복음 들고 순종하며 온 것입니다. 말도 통하지 않고 문화도 다르고 음식도 다른 데, 하나님 말씀에 순종하며 그들이 온 것입니다.

요한복음 3장 16절의 말씀, "하나님이 세상을 이처럼 사랑하사" 한국말도 제대로 되지 않았지만, 이 메시지로 증거하기 시작하는데, 예수님을 믿고 주님 앞에 돌아오는 역사가 나타난 것입니다.

이 한국 땅 135년 전에는 교회가 단 하나도 없었습니다. 그런데 지금은 교회가 5만 개가 넘는 놀라운 축복의 시대가 되었습니다. 필자가 살고 있는 원주 땅에도 110여 년 전에는 한 교회도 없었는데, 하나님께서 복음의 씨를 뿌렸던 그 믿음의 선배들을 통해서 교회가 생겨나서, 지금은 500개가 넘는 교회가 생겨나는 놀라운 은혜를 받게 된 것입니다. 믿음의 선배들이 하나님의 말씀을 나에게 주시는 말씀으로 받아 순종함으로 저와 여러분들이 복음을 받는 놀라운 역사의 세대가 된 것입니다. 이 얼마나 감사한 일입니까!

당시 언더우드나 아펜젤러 선교사는 아도니람 저드슨이나 허드슨 테일러나 데이비드 리빙스턴, 윌리엄 캐리 같은 유명한 선교사가 아니었습니다. 이 사람은 무명의 선교사였습니다. 그러나 하나님은 유명하냐 무명하냐를 묻지 아니하시고, 하나님의 말씀에 순종하는 사람들을 통해서 하나님의 놀라운 일들을 행하십니다.

두 번째, 수직적인 전도가 있습니다. 그것은 우리의 다음 세대 자녀들을 하나님의 말씀으로 양육하는 것을 의미합니다. 필자가 사역 가운데 늘 느끼는 것은 옆에 있는 사람에게 복음을 전하는 것만큼 우리의 다음 세대를 세우고 키우는 것이 매우 중요하다는 것입니다. 어른이 되어서 복음을 전하면 늦습니다. 밑 빠진 독에 물붓기를 하는 것과 같을 수도 있습니다. 어릴 때부터 말씀으로 양육하고 그들을 온전히 세워야 미래가 더 소망이 있고 능력의 세대로,

부흥의 세대로, 믿음의 세대가 될 줄로 믿습니다.

우리나라 복음화율이 15~20% 정도가 되지만, 다음 세대는 3.5% 정도밖에 되지 않습니다. 우리가 어른 전도는 많이 하는데 다음 세대를 전도하지 않으면 큰일납니다.

레슬리 뉴비긴이라는 선교사가 있었습니다. 이 선교사는 해가 지지 않는다는 영국, 지출 가운데 선교비가 가장 많았던 영국에서 선교사로 파송 받아 인도 땅에 갔습니다. 복음의 불모지 인도 땅에서, 그의 전 생애를 드리며 인도를 위해서 복음을 증거 했던 그가 이제 40년의 사역을 마치고 고국으로 돌아옵니다. 그런데 이게 웬일이지요? 분명히 선교지가 인도 땅이었는데 돌아와 보니 영국 땅이 다시 선교사를 받아야 할 땅이 되고 말았던 것입니다.

뉴비긴이 파송 받아 나갈 때는 영국 전체가 기독교 분위기인 나라였습니다. 그런 영국이 다시 복음을 받을 나라, 선교지가 되고만 것입니다. 이 얼마나 안타깝습니까? 영국은 다음 세대를 키우지 못했기 때문에 이런 일이 일어나고 말았던 것입니다. 영국에 교회가 없겠습니까? 신학교가 없겠습니까? 그러나 다음 세대를 못키우면 미래의 소망이 없어지게 되는 것입니다.

코카콜라를 아십니까? 코카콜라 사장은 지금도 많은 돈을 투자해서 계속 홍보하고 있습니다. 필자가 여러 나라를 방문할 기회가 있었는데, 선진국, 후진국 할 것 없이, 심지어 북한에도 코카콜라가 있었습니다. 전 세계 사람이 다 압니다. 그런데도 지금도 계속 홍보를 하고 있습니다. 왜 그럴까요? 그것은 다음 세대가 지금도 계속 태어나고 있기 때문입니다. 태어나자마자 코카콜라를 아는 사람은 단 한 사람도 없습니다. 그러니까 결국 후에 들어서 아는 것입니다. 우리도 마찬가지입니다.

여러분들은 누구를 통해서 가장 먼저 복음을 들었습니까? 85%의 사람들이 불신자의 가정에서 태어납니다. 우리는 친구를 통해서든, 부모님을 통해서든, 목사님을 통해서든 간에 누군가를 통해서 들었기 때문에 믿게 되는 것입니다. 스스로 주님을 믿는 사람은 하나도 없습니다. 하나님의 은혜이고 믿음의 선배가 있었기 때문에 저들을 통해서 우리가 믿게 되는 놀라운 축복이 있는 것입니다.

다 누군가를 통해서 복음을 들었기에 가능한 것입니다. 그래서 이 다음 세대의 전도는 중단될 수가 없고 계속 이어져 나가야만 되는 것입니다. 왜? 누군가가 들려줘서 내가 들었고, 내가 들어서 또 다른 사람에게도 들려주어야 하기 때문입니다.

우리의 믿음의 선배들이 어떤 분들입니까? 우리 선배 어르신들께 정말 감사하고 고맙습니다. 그분들의 땀과 수고와 헌신과 새벽기도와 철야와 금식과 주의 종에게 순종하는 그 아름다운 모습을

통해서 우리 같은 젊은 세대가 주님을 섬길 수 있게 되었기 때문입니다.

그렇다면 우리 다음 세대는 어떻게 될까요? 우리가 그들을 향해서 우리의 믿음의 선배들이 우리를 위해서 흘렸던 땀과 수고를 그대로 전해줄 때, 우리 미래의 다음 세대가 소망이 넘쳐나는 놀라운 축복의 세대가 될 줄로 믿습니다.

모세는 그가 죽는다 할지라도 다음 세대가 가나안 땅에 들어가는 놀라운 축복을 기대하고 여호수아라는 지도자를 세웠던 것입니다. 그런데 이게 웬일입니까? 많은 사람이 여호수아를 좋아합니다. 요단강을 건너가고 여리고를 무너뜨리고 가나안을 정복한 이 여호수아 세대가 얼마나 멋집니까?

찬송가 347장, "여호수아 본받아 앞으로 가세 우리 거할 처소는 주님 품일세"라는 찬송도 있습니다. 그러나 여호수아를 보면서 한 가지 아쉬운 점이 있습니다. 그건 너무너무 마음 아픈 일입니다. "너와 함께 한다"는 말씀에 강력하게 순종한 세대였지만, 여호수아는 안타깝게도 다음 세대의 지도자를 키우지 못했습니다. 사사기를 사람들은 암흑기라고 말하고 있습니다.

"그 때에 이스라엘에 왕이 없으므로 사람이 각기 자기의 소견에 옳은 대로 행하였더라"(삿 22:25).

그 시대가 사사 시대인 것입니다. 그래서 약 300년 암흑기가 되는 암울한 시대를 살았던 것입니다. 우리의 다음 세대가 하나님을 알지 못해도 상관없다고 하면 안 됩니다. 그러면 반드시 저들은 우상을 섬기며, 죄악 가운데 거하게 될 것입니다.

"이스라엘 자손이 여호와의 목전에 악을 행하여 바알들을 섬기며"(삿 2:11).

하나님을 모르는 세대, 하나님이 행하시는 일들을 알지 못하는 세대는 반드시 죄악 가운데 있으며, 세상 길로 빠질 수밖에 없으며, 우상을 섬길 수밖에 없다고 성경은 말해주고 있는 것입니다.

그래서 믿음의 세대가 무너지지 않고 중단되지 않고 계속해서 이어져 가야 한다는 것입니다. 물론 자녀를 키운다는 건, 다음 세대를 키운다는 건, 결코 쉬운 일이 아닙니다. 하지만 이 일은 포기할 수가 없습니다.

우리 기성세대가 다음 세대 자녀들을 바라보며 손가락질합니다. "요즘 젊은이들은 왜 그래?" "머리 모양은 왜 저러는 거야?" "옷은 왜 저렇게 입었지?" "아, 저 말투 좀 봐."
하지만 여러분, 한 세대가 무너지는 것은 다 누구의 책임입니까? 다음 세대가 망가진다면 그것은 모두 우리의 책임인 것입니다. 젊은 세대의 책임이 아니라, 기성세대인, 이전 세대인, 부모 세대의 책임이라는 것입니다.

우리가 바쁘다는 이유로 자녀들과 가정예배를 포기해 버리고, 우리가 힘들다는 이유로 자녀들을 신앙으로 올바로 세우지 못한다면, 우리의 미래는 캄캄하게 되고 말 것입니다. 그래서 성경은 계속해서 다음 세대를 세우고 가르치라고, 그들을 믿음의 세대로 세우라고 계속해서 강력하게 촉구하고 있는 것입니다.

"오고 오는 세대마다 주께서 하신 일 기리며, 주께서 이루신 엄청난 일을 이야기하고 또 이야기하리라"(시 145:4 현대어성경).

오고 오는 세대마다 주께서 하신 일을 기리며 주께서 이루실 엄청난 일을 이야기하고 또 이야기하랍니다. 우리 모두가 그렇게 될 수 있기를 축복합니다.

성경은 계속해서 말하고 있습니다.

"이는 우리가 들어서 아는 바요 우리의 조상들이 우리에게 전한 바라 우리가 이를 그들의 자손에게 숨기지 아니하고 여호와의 영예와 그의 능력과 그가 행하신 기이한 사적을 후대에 전하리로다"(시 78:3-4).

"숨기지 아니하고 전하리로다." 우리가 숨기지 않는다면, 입을 열기만 하면 우리의 다음 세대가 믿음의 세대가 되지 않겠습니까?

"여호와의 영예와 그의 능력과 그가 행하신 기이한 사적을 후대에 전하리로다." 하나님이 누구신지, 하나님이 어떤 일을 하셨는지를 우리의 자녀들에게, 다음 세대에게 말하라고 성경은 우리에게 촉구하고 있습니다.

여러분의 가문이 기독교의 명문 가정이 될 수 있기를 축복합니다.

"너희는 이 일을 너희 자녀에게 말하고 너희 자녀는 자기 자녀에게 말하고 그 자녀는 후세에 말할 것이니라"(욜 1:3).

여러분의 손주들이 예수 잘 믿는 하나님의 사람이 되기를 바라지 않습니까? 그렇다면 여러분의 자녀를 먼저 믿음의 세대로 키우십시오. 여러분들이 자녀들에게 하나님의 말씀을 계속 들려주면 그들의 인생을 살아갈 동안에 어려운 일이 있을 때 들려줬던 말씀이 그의 생애를 움직이게 되는 놀라운 축복이 반드시 있을 것입니다. 자녀들이 믿음으로 온전히 세워지는 것이 여러분의 기도 제목일 것입니다.

여러분의 비전이고 소원으로 삼고 있는 것이 무엇입니까? 혹시 자녀들에게 믿음보다는 공부만 강조하지는 않습니까? 부모가 TV를 묵상하고 있는데 자녀들이 신앙으로 바로 세워질 수가 있겠습니까? "TV는 나의 목자시니 그가 나를 드라마와 사극으로 인도하시는도다" 이러면 절대로 안 됩니다. 저들에게 믿음을 심어주고 하나님을 심어줄 때 저들의 생애 속에 하나님이 영광을 받으시는 놀라운 축복이 있을 줄로 믿습니다.

사람이 죽을 때가 되면 후회하는 것이 있답니다. 내가 젊었을 때 돈을 많이 벌지 못한 것 때문에 후회하는 사람은 거의 없습니다. 또 명예가 높아지지 않은 것 때문에 후회하는 사람도 없습니다.

많은 사람이 무엇 때문에 후회하겠습니까? 사랑해야 할 가족들과 자녀들을 사랑하지 못한 것, 바로 우리의 다음 세대인 자녀들을 똑바로 키우지 못한 것 때문에 후회합니다. 필자와 여러분들은 이런 후회를 하지 않기를 축복합니다.

그런데 우리 다음 세대 중에는 교회를 다니면서 주님을 개인적으로 영접하지 못한 채 종교활동으로 왔다 갔다 하는 학생들이 많습니다. 마치 한국의 100여 년 전, 강돈욱 장로님(1871~1943)의 자녀들 같은 경우가 많습니다. 강 장로님은 많은 자녀 가운데 둘째 딸의 이름을 반석 같은 존재로 믿음 가운데 크게 되라고 '강반석'으로 지었습니다. 칠골교회를 다니며 창덕교회를 개척하고 창덕기독학교 교장으로 일하면서 딸을 근면하고 신앙 좋은 김형직 교사와 결혼시켰습니다. 김형직과 강반석은 집사였고, 그 두 사람이 낳은 아들이 우리가 잘 알고 있는 김성주(김일성)입니다. 믿음의 가정에서 생긴 슬프고 충격적인 사건입니다. 교회는 다녔는데 주님을 인격적으로 만나지 못한 것 때문에, 남북한의 비극이 지금도 일어나고 있고, 종교뿐만 아니라 모든 분야에 영향을 미치고 있습니다.

필자가 10여 년 전에 북한의 금강산을 다녀온 일이 있습니다. 금강산 곳곳에 팻말이 붙어있었습니다. "김일성 장군님께서 몇 년 몇 월 며칠에 오셔서 무슨 말씀을 하시다." 저는 산상수훈을 보는 줄 알았습니다. 그리고 산꼭대기 바위 바위마다 1m 이상을 파서 시뻘건 페인트로 "김일성 장군님은 우리와 영원히 함께하십니다"라는 글을 써 놓았습니다. 저는 임마누엘을 보는 줄 알았습니다. 하나님을 빼놓고, 그 자리에 김일성이 앉아있는 모습이었습니다. 다음 세대에게 복음의 바통을 물려주지 않으니 이 세상이 이렇게 되어가는 현실 속에 다음 세대가 얼마나 중요한지를 깨우쳐 주는 실제적인 사건입니다.

영국은 백 년 전만 해도 기독교 나라였습니다. 80%가 다 주님을 믿는 나라였습니다. 교회가 얼마나 많이 세워졌겠습니까? 하지만 지금은 5% 미만이라고 합니다. 얼마나 안타깝습니까? 교회가 팔리기 시작합니다. 세상에 팔리기 시작합니다. 술집으로 팔리기 시작합니다. 밖에는 교회라는 팻말이 다 붙어있습니다. 그런데 안에 들어가면 나이트클럽입니다. 어떤 교회는 모슬렘에게 팔려갑니다. 얼마나 안타까운 현실입니까?

우리나라도 교회가 텅텅 비고 노인들만 몇십 명 앉아있는, 그런 예배를 주일마다 드리고 있는 교회가 늘고 있습니다. 정말 정신을 차리고 다음 세대를 한눈팔지 말고 잘 세우지 아니하면 유럽 교회가 거쳐 간 그 발자취를 우리가 그대로 밟을지도 모른다는 것입니다. 깨어 있어 다음 세대를 일으키는 믿음의 주역들이 될 수 있는 우리 모두가 되기를 간절히 축복합니다.

다음 세대를 못 키우면 그렇게 됩니다. 다음 세대의 중요성을 몰라서 그런 것입니다. 이것은 선택 사항이 아닙니다. 다음 세대를 세우는 것은 필수적인 사역입니다.

지금 한국의 모든 교단마다 다음 세대의 표어를 걸고 비전을 내세우고 있습니다. 조금 늦은 감이 있지만 그래도 괜찮습니다. 다음 세대에 집중하고 투자하여 함께 섬길 때 우리 세대보다 큰 강력한 세대가 일어날 줄로 믿습니다.

여러분은 하나님께서 우리를 사랑하시고 큰 관심을 가지고 계시다는 것을 알고 있습니까? 그런데 이것 아십니까? 사탄 마귀도 우리에게 관심이 있다는 사실입니다. 사탄은 우리를 포기하지 않습니다. 우리를 유혹하고 있습니다. "예수 믿지 마. 교회 다니지 마"라고 사탄은 이렇게 유혹하지 않습니다. "너만 예수 잘 믿어. 은혜 많이 받아. 너만, 너만... 애들은 공부해야 돼." 이러면 끝나는 것입니다. 우리가 상식적으로 아는 것이 있습니다. 믿는 어린이들이 중학교 올라가면 20% 떨어지고, 고등학교 올라가면 또 20% 떨어지고, 대학 올라가면, 직장 생활하면, 불신자와 결혼하면 20%씩 떨어지는 것이 아닙니까? 우리가 매일매일 "나중에, 나중에"라고 하는 사이에 세상과 사탄은 아이들의 마음을 엄습할 것이며, 사탄의 종이 되라고, 우상을 섬기는 백성이 되라고 할 것입니다.

육상의 계주를 떠올려 보십시오. 첫 번째 선수가 달려가 다음 선수에게 바통을 주면, 바통을 받은 선수는 달려가 다음 선수에게 바통을 또 전해줍니다. 왜냐하면, 아직 결승점에 도착하지 않았고 기다리는 선수가 있기 때문입니다. 복음의 경주도 마찬가지입니다. 우리의 믿음의 선배들이 그렇게 땀 흘려 수고했습니다. 우리를 위해서 믿음의 선배들이 철야하며, 금식하며, 새벽기도하며, 추운 겨울날에도, 더운 여름에도, 눈보라가 치고 장맛비가 쏟아진다 할지라도 믿음을 지키기 위해서 고난 가운데서도 힘써 신앙을 지켰습니다. 다음 세대를 위해서 희생하고 교회를 지키며 순종하여 복음의 씨를 뿌려서 오늘 필자와 여러분들이 이렇게 복음의 세대가 된 것입니다.

우리의 다음 세대는 어떻게 합니까? 우리가 바통을 받았으면 놀고 있으면 안 됩니다. 우리도 뛰어가야 합니다. 수많은 다음 세대가 우리를 바라보고, "집사님, 장로님, 목사님, 우리에게 복음을 들려주세요"라고 외치는 소리가 들리지 않습니까? 우리가 복음의 바통을 받았다면 그 복음의 바통을 다음 세대에게도 전달할 수 있기를 축복합니다.

우리의 미래는 다음 세대에 달려 있습니다. 여러분의 자녀들에게 달려 있습니다. 자녀들이 잘 세워지면 나라가 바뀔 것이며, 정치와 경제와 문화가 다 달라질 것이며, 교회도, 세상도 달라질 것입니다.

미래는 다음 세대들의 손에 달려 있지만, 그 다음 세대는 우리들의 손에 달려 있습니다. 우리가 마음을 먹고, 믿음을 갖고, 은혜를 경험하고 다음 세대를 위해서 섬길 수만 있다면, 우리의 다음 세대에게 날개를 달아준다면, 다음 세대는 날개를 달아 하나님의 영광을 선포하며 이 땅을 변화시키는 거룩한 영향력을 미치는 거룩한 영향력 있는 하나님의 백성들이 될 줄로 믿습니다.

저와 여러분들은 섬겨야 하는 사람들입니다. 그것이 우리의 기쁨이요, 감격이요, 보람이요, 영광이요, 성숙이요, 열매요, 주님의 아름다운 모습을 체험하는 삶입니다.

수평적인 전도뿐만 아니라 수직적인 전도에 소홀하지 않고 아름답게 쓰임 받을 수 있기를 축복합니다. 그래서 우리 세대보다는 다음 세대가 더 영광의 세대로, 예배의 세대로, 순결과 거룩한 세대로 일어날 수 있다면 기성세대인 저와 여러분들이 주 앞에 칭찬 받지 않겠습니까? 그 놀라운 영광의 축복은 기성세대 여러분들의 눈물과 섬김으로 가능합니다.

다음 세대가 날개를 다는 일에 저와 여러분들이 축복의 통로로 온전하게 쓰임 받을 수 있기를 축복합니다.

다음 세대를 위한 대안, 복음입니다

"그 때에 스데반의 일로 일어난 환난으로 말미암아 흩어진 자들이 베니게와 구브로와 안디옥까지 이르러 유대인에게만 말씀을 전하는데 그 중에 구브로와 구레네 몇 사람이 안디옥에 이르러 헬라인에게도 말하여 주 예수를 전파하니 주의 손이 그들과 함께 하시매 수많은 사람들이 믿고 주께 돌아오더라 예루살렘 교회가 이 사람들의 소문을 듣고 바나바를 안디옥까지 보내니 그가 이르러 하나님의 은혜를 보고 기뻐하여 모든 사람에게 굳건한 마음으로 주와 함께 머물러 있으라 권하니 바나바는 착한 사람이요 성령과 믿음이 충만한 사람이라 이에 큰 무리가 주께 더하여지더라"(행 11:19-24).

우리 기성세대나 부모와 교사는 참으로 중요한 사람들입니다. 왜냐하면, 영혼을 섬기고 있기 때문입니다. 우리가 잘 준비되면 우리를 통해서 다음 세대가 잘 세워지게 될 것이고, 우리가 망가지면 다음 세대도 망가지게 될 것입니다. 그래서 지도자들과 기성세대 부모들, 교사들은 참으로 중요한 사람들입니다. 다시 한번 하나님의 말씀 가운데 격려와 위로와 도전과 비전을 품고, 믿음으로 일어나 교회와 다음 세대를 살리는 축복의 백성이 되기를 간절히 원합니다.

"오직 성령이 너희에게 임하시면 너희가 권능을 받고 예루살렘과 온 유대와 사마리아와 땅 끝까지 이르러 내 증인이 되리라 하시니라"(행 1:8).

그때 초대 교회 사람들은 개인주의와 민족주의 때문에 자기 나라만, 자신들의 도시만 생각했습니다. 도시 복음화와 민족 복음화를 위해 일을 했지만, 주의 명령인 사마리아와 땅끝까지 나가지 못하였습니다. 하나님은 그들을 흩어지게 하시려고 환난을 일으키십니다. 고난을 일으키십니다. 그래서 스데반 같은 사람들이 돌 세례를 맞고 죽습니다. 사도들이 옥에 갇히는 일들이 일어나기 시작합니다. 그런데 그 환난을 통하여 백성들이 흩어지게 되었습니다. 그들이 이방 땅으로 가서 무엇을 할까요? 그것이 바로 본문에 나오는 사도행전 11장의 말씀입니다.

"그때에 스데반의 일로 일어난 환난으로 말미암아 흩어진 자들이 베니게와 구브로와 안디옥까지 이르러 유대인에게만 말씀을 전하는데"(행 11:19).

흩어진 자들은 평신도였습니다. 흩어진 자들은 지도자가 아닌 성도였습니다.

그들을 환난으로 흩으셨습니다. 그래서 그들이 사방으로 퍼지게 되는데, 베니게와 구브로, 안디옥까지, 이방까지 피난과 도망과 쫓김을 받아 흩어지기 시작합니다. 그런데 그들이 제일 먼저 하는 일은 집을 짓고 안정적으로 사는 것이 아니었습니다. 그들은 직장을 얻고 어떻게 돈벌이를 할지 고민하지 않았습니다. 그들이 제일 먼저 한 일은 이방인들에게 말씀을 전하는 일이었습니다. 그래서 안디옥교회가 세워지게 된 것입니다.

다음 세대를 살리는 첫 번째 비결은
주 예수 그리스도를 전하는 것입니다.

"그중에 구브로와 구레네 몇 사람이 안디옥에 이르러 헬라인에게도 말하여 주 예수를 전파하니"(행 11:20).

어떤 유대인들은 유대인들에게만 복음을 전합니다. 그런데 너무 감사한 것은 하나님의 명령은 유대인들만 전도하라는 것이 아니었습니다. 하나님의 뜻과 마음은 성도들이 예루살렘과 온 유대와 사마리아와 땅끝까지 이르러 증인이 되는 것입니다. 그래서 복음의 눈을 뜬 구브로와 구레네 몇 사람이 안디옥까지 이르러 이방인 헬라 사람들에게 주 예수를 전파한 것입니다.

필자는 오래 전 20절 말씀에 큰 은혜를 받은 적이 있습니다. 평신도들이 흩어져서 이방 사람들에게 주 예수 그리스도를 증거하는 것입니다. 그래서 세워진 교회가 우리가 좋아하고, 모든 교회의 모델인 '안디옥교회'입니다. 만약에 그들이 흩어져서 자기의 안락을 위해 살아갔다면 안디옥교회는 세워지지 않았을 것입니다.

필자는 목회를 하면서 '어떻게 우리 다음 세대가, 우리 교회가 아름답게 세워질 수 있을까?'라는 마음으로 기도하면 기도할수록 주님께서 주시는 마음은 원색적인 복음을 전하라는 것입니다. 찬양을 통해서, 말씀을 통해서, 기도를 통해서, 주 예수 그리스도를 증거하는 곳이 교회입니다. 교회는 사회단체가 아닙니다. 교회는 다른 일들을 많이 하는 단체가 아닙니다. 교회는 생명을 살리는 곳이고, 교회는 구원을 일으키는 곳이고, 교회는 복음을 전하는 곳입니다.

구원받을 수 있는 유일한 길은 주 예수 그리스도이십니다. 그 이외에는 절대 구원이 없습니다. 학생들이 진급하고 성장할수록 줄어드는 이유가 무엇이겠습니까? 시설이 부족해서도 아니고, 프로그램이 적어서도 아닙니다. 주님을 만난 아이들이 생겨나지 않으니까 교회에서 아이들이 줄어드는 것을 보게 되는 것입니다. 기성세대들 가운데서도 주님을 만나지 않은 사람들은 반드시 떨어집니다. 필자는 여러분들이 교회에서 예수님을 만날 수 있기를 축복합니다.

교회는 탁아소가 아닙니다. 교회는 어른들의 예배를 방해하기 때문에 아이들을 돌보고 관리하고 양육하는 곳이 아닙니다. 아이들도 얼마든지 복음을 들을 수 있고, 들어야 하고, 믿어야 합니다. 주님을 만나는 아이들이 일어났을 때, 이 교회와 다음 세대에 희망이 있는 줄로 믿습니다.

예수가 빠진 교회는 더이상 교회가 아닙니다. 여러분의 섬김을 통해서 여러분의 입술을 통해서 여러분의 가르침을 통해서 주 예수 그리스도가 흘러갈 때 하나님의 뜻이 이루어지는 줄로 믿습니다. 한국교회가 다시 한번 회복할 수 있는 유일한 길은 예수의 회복인 줄로 믿습니다. 이 교회가 예수로 충만하고, 예수 안에 은혜가 있고, 예수 안에 변화가 있고, 예수로, 복음으로 무장하는 교회가 될 때 다시 한번 예수로 충만한 예수 한국, 복음으로 충만한 복음 한국이 될 줄로 믿습니다.

다음 세대가 세워지는 것은 단 하나의 어떤 문제를 해결하는 것이 아닙니다. 주 예수 그리스도를 증거할 때 믿는 숫자가 늘어나게 되고, 구원받는 사람이 늘어나므로 다음 세대가 세워지는 놀라운 축복이 임하는 것입니다. 예수가 본질입니다. 교회의 본질을 붙잡고 승부할 때에 우리의 다음 세대가 견고하게 세워질 줄로 믿습니다. 교회를 떠나는 아이들, 교회를 떠나는 성도들, 왜 그럴까요? 주님을 못 만났기 때문입니다. 그것은 우리 교회 책임입니다. 목사 책임이고, 교사 책임이고 부모 책임입니다. 교회는 예수를 만나게 해주는 곳입니다. 하나님의 말씀을 증거하는 곳이기에 우리 모두가 이곳에서 주님을 만나고 말씀으로 세워져야 합니다.

그런데 기성세대 가운데 주님을 만나지 못했던 부모들이 있습니다. 주님을 만나지 못한 교사들이 있습니다. 소경이 소경을 인도하면 둘 다 구덩이에 빠집니다. 소경이 소경을 인도하면 둘 다 낭떠러지에 빠지게 됩니다. 핵심은 예수 그리스도이십니다. 교회는 예수님을 전하는 곳입니다. 다른 것은 줄이고 예수 증거하는 시간들을 늘릴 수 있기를 간절히 원합니다. 그들이 이곳에 와서 주님을 만나야 믿음으로 세워질 수 있습니다. 그렇지 않으면 그들은 떠나갑니다. 한 학년 올라가면 또 떠나가고 중학교 올라가면 또 떠나가고, 계속 떠나갑니다.

우리를 변화시켰던 것은 예수 그리스도이신 줄 믿습니다. 그러므로 예수를 전해야 합니다. 이 세상에서 가장 불쌍한 사람은 교회까지 왔는데, 예배를 드리는데, 지옥 가는 사람입니다. 이것처럼 불쌍한 사람이 어디 있겠습니까? 예수를 만나지 못하면 핵심을 놓쳐버리는 것입니다. 교회 와서 다른 것만 취하고 주님은 진작 못 만나는 것입니다. 그러면 희망이 없습니다. 예수를 붙잡고 예수를 증거하고, 예수를 심어주고, 아이들의 심령 속에, 인생 가운데 예수가 심어지는 은혜의 역사가 있기를 간절히 축복합니다.

한국 CCC 설립자이셨던 김준곤 목사님의 백문일답 아시지요? 100가지 질문을 해도 정답은 하나밖에 없습니다. 예수 그리스도! 예수 그리스도! 우리도 한 번 소리 내어 응답해 보시기를 바랍니다.

우리의 생명 되시는 분은 누구십니까? 예수 그리스도! 우리의 소망은 누구십니까? 예수 그리스도! 우리 교회의 주인은 누구십니까? 예수 그리스도! 가정의 주인은 누구십니까? 예수 그리스도! 미취학부 아이들이 제일 먼저 받아야 할 메시지는 무엇입니까? 예수 그리스도! 어린이들이 제일 먼저 믿어야 할 분은 누구십니까? 예수 그리스도! 우리 청소년들이 반드시 만나야 할 분은 누구십니까? 예수 그리스도!

예수 그리스도, 예수 그리스도를 절대로 놓치지 말아야 합니다. 흩어진 평신도들이 주 예수 그리스도의 복음을 증거했을 때, 교회가 세워진다는 것을 놓치지 마십시오. 다음 세대를 살리는 일에, 복음으로 승부할 수 있기를 간절히 소원합니다.

"주의 손이 그들과 함께 하시매 수많은 사람들이 믿고 주께 돌아오더라"(행 11:21).

안디옥에서 성도들이 복음을 전하는데 구원받는 성도들이 늘어나기 시작합니다. 복음을 전하니까 하나님의 손이 그들 위에 임재하시고 함께 하시니까 수많은 사람이 믿고 주께 돌아오는 역사가 일어나는 것입니다.

**다음 세대를 살리는 두 번째 비결은
성령의 기름 부으심이 충만한 것입니다.**

우리가 사역하는 데 있어서 하나님의 만지심, 하나님의 임재하심, 하나님의 역사하심이 있을 때 내 인생이 변화되고 다음 세대가 변할 줄로 믿습니다. 성령의 역사가 아니면 한 사람 오는 것, 한 사람이 변화되는 것, 헌신하는 것은 불가능합니다.

안디옥 교회가 세워진 비결이 무엇입니까? "주의 손이 그들과 함께 하시니." 저들이 말하는 곳, 저들이 섬기는 곳, 저들이 사역하는 곳에 하나님의 손이 함께 하니 은혜가 흘러가고, 은혜가 흘러가니 수많은 백성이 주 앞에 돌아오는 역사가 일어나는 것입니다. 하나님의 손은 구원의 손입니다. 하나님의 손은 능력의 손입니다. 하나님의 손은 치유의 손입니다. 하나님의 손은 회복의 손입니다.

내가 손을 얹었지만, 그 영혼 가운데 하나님의 손이 터치될 때, 하나님의 임재가 터치될 때, 하나님의 능력이 터치될 때, 변화된 그 인생을 보고 허다한 무리가 주께 더하는 놀라운 역사가 일어나는 것입니다. 하나님의 나라는 말에 있지 않고 능력에 있습니다. 누가 말을 못 합니까? 누가 지혜가 없습니까? 누가 재주가 없습니까? 그런데 능력이 없으면 아무것도 아닌 것입니다.

사람을 살리는 것, 사람이 회복되는 것, 교회가 세워지는 것, 다음 세대가 세워지는 것은 성령의 역사인 줄로 믿습니다. 그래서 기도함으로 사역해야 합니다. 그래서 예배로 승부하는 것입니다. 그래서 은혜로 승부하는 것입니다. 하나님의 능력으로 승부하는 것입니다.

안디옥에 사람들이 넘쳐나니까 예루살렘교회가 그 소식을 듣고 바나바를 파송합니다. 바나바가 오자마자 이렇게 말을 합니다.

"그가 이르러 하나님의 은혜를 보고 기뻐하여 모든 사람에게 굳건한 마음으로 주와 함께 머물러 있으라 권하니"(행 11:23).

예루살렘에서 바나바가 파견된 것입니다. 지도자가 있어야 합니다. 바나바가 파송을 받아 안디옥교회에 오니 주의 손이 그들과 함께하는 것이 눈으로 보이는 것입니다. 하나님의 은혜를 보는 것입니다. 하나님의 은혜를 보고 기뻐하는 것입니다.

우리의 아름다운 찬양 가운데, 예배 가운데, 하나님의 손을 볼 수 있는, 하나님의 은혜를 볼 수 있는 그러한 공동체가 되기를 간절히 원합니다. 이것은 기도 없이는 불가능합니다. 은혜 없이는 불가능합니다. 재주로 하는 것이 아닙니다. 하나님께서 앞서가시고, 하나님께서 역사해 주시고, 우리의 마음을 열어주시고, 우리의 입술을 열어주시고, 성령께서 운행하시는 아름다운 역사를 보는 교회가 되기를 간절히 원합니다.

성령 충만이 아니면 교사의 직분을 감당할 수 없습니다. 성령의 기름부으심이 없으면 짜증만 납니다. 기쁨도 없고 열매가 없고 은사가 사라집니다. 성령의 기름부으심이 있으면 매일 기쁨이 심령 속에 충만하고, 은혜와 기쁨이 충만하여 자원하는 마음이 생기고, 없었던 은사가 생기고 기쁨과 열매가 맺혀질 줄로 믿습니다. 성령의 기름부으심이 충만한 교회와 다음 세대와 교사들이 될 수 있기를 축복합니다.

그렇습니다. 사역과 봉사는 지혜로 하는 것이 아닙니다. 내 능력으로 하는 것이 아닙니다. 사회적인 직분으로 하는 것이 아닙니다. 성령의 능력으로 하는 것입니다. 우리 모두가 주의 능력을 힘입어 그 놀라운 사역들을 감당할 수 있기를 간절히 원합니다.

그래서 교사들은 공 예배에 잘 참석을 해서 은혜를 많이 받으셔야 합니다. 교사들은 예배 때마다 맨 앞에 앉아서 가장 은혜를 많이 받고 영적으로 무장하고 그 능력과 그 힘으로 다음 세대를 살릴 수 있기를 축복합니다. 그것이 아니면 감당하기 어렵습니다. 돈 갖고 하는 것이 아닙니다. 다음 세대는 기교 갖고 하는 것이 아닙니다. 그것이 얼마나 가겠습니까? 한 달 가겠습니까? 두 달 가겠습니까?

하나님의 만지심이 있어야 합니다. 하나님의 손이 있어야 합니다. 성령의 능력이 있어야 합니다. 그러면 감격으로, 기쁨으로 주의 사역을 감당하여 허다한 무리가 주께 더하여지는 놀라운 축복이 있는 줄로 믿습니다.

**다음 세대를 살리는 세 번째 비결은
성품이 좋은 교사입니다.**

"바나바는 착한 사람이요 성령과 믿음이 충만한 사람이라 이에 큰 무리가 주께 더하여지더라"(행 11:24).

안디옥교회의 성장 요인은 바나바 같은 착한 사람이 있었다는 것입니다. 우리가 좋아하는 성경 구절이 아닙니까? 사도행전 11장 24절을 본인의 이름을 넣어서 읽어보기를 권합니다.

왜 우리의 공동체에, 우리의 선교회에, 우리의 교육 목장에 사람들이 안 붙을까요? 혹시, 내가 착하지 않으니까, 내가 못됐으니까, 내가 성령 충만하지 않으니까, 내가 믿음 충만하지 않으니까 그런 것이 아닐까요? "바나바는 착한 사람이요 성령과 믿음이 충만한 사람이라 이에 큰 무리가 주께 더하여지더라." 이것이 성경의 원리입니다. 무엇을 해서가 아닙니다. 내가 착한 사람으로 섬김의 정신, 예수님의 정신, 바나바 같은 마음이 충만할 때 큰 무리가 주께 더하여지는 역사가 있을 줄로 믿습니다.

　우리 다음 세대는 이런 바나바 같은 선생님을 좋아합니다. 성령과 믿음이 충만하고, 그리고 착하기도 한 선생님을 좋아합니다. 믿음은 있다고 하는데 성품이 착하지가 않아요, 너무 고집이 세요, 너무 불평이 많아요. 누가 그 옆에 가겠습니까? 그런 교사 옆에는 자라나는 다음 세대가 붙지 않습니다.

　바나바 이 착한 사람이, 거기에 성령 충만과 믿음 충만이 같이 있으니까 사람이 붙는 것입니다. 여러분이 정말 이 시대에 바나바와 같은 좋은 사람이 되기를 축복합니다. 여러분 영혼들이 변화되는 것이 내 힘으로 됩니까? 성령께서 역사해주셔야 하는 것이 아닙니까? 우리 교회가 살아나는 것, 부흥하는 것, 정말 선교적인 사역을 감당하는 것은 성령께서 도와주셔야 가능할 줄로 믿습니다. 기도하지 않으면 이것은 불가능한 것입니다. 그래서 은혜로 감당하기를 강조하는 것입니다. 그래서 같이 기도하는 것입니다. 내 힘으로 할 수 없기 때문입니다.

　"하나님, 도와주십시오! 하나님, 은혜를 베풀어 주십시오!" 우리가 성령 충만해야 사랑할 수 있고, 용서할 수 있고, 축복할 수 있고, 인내할 수 있고 사역을 감당할 줄로 믿습니다.

　스마트폰 배터리도 충전이 안 되면 통화가 안 됩니다. 충전이 안 되면 쓸모가 없습니다. 전기가 연결되지 않으면 마이크도 나오지 않습니다. 성령과 연결되기를 축복합니다. 그래야 그 은혜가 우리 인생을 통하여서 쏟아져 나오는 것입니다. 은혜의 역사가 그 영광, 그 축복이, 그 사랑이, 그 은혜가 흘러넘치는 것입니다.

바나바 같은 사람이 안디옥교회에 있으니까 자동으로 이 모든 일이 이루어집니다. "바나바는 착한 사람이요." 성품이 좋은 사람이라는 것입니다. 인격이 좋은 사람이라는 것입니다. 따뜻한 사람이라는 것입니다. 안아주는 사람이라는 것입니다. 격려해 주는 사람이라는 것입니다. 원래 이 바나바 이름의 뜻이 '권위자' 아닙니까? 권면하고 위로하는 사람. 격려의 아들, 위로의 아들이 아닙니까?

그 사람을 만나면 따뜻합니다. 그 사람을 만나면 행복합니다. 그 사람이 나를 안아주니까 내가 마음으로 안아주는 겁니다. 사랑의 눈빛으로 안아주는 겁니다. 축복하는 겁니다. 이것이 바로 착한 사람입니다. 바나바의 모습 속에 불평이 보입니까? 바나바의 모습 속에 원망이 보입니까? 바나바의 모습 속에 게으름이 보이지 않습니다. 따뜻함, 사랑, 용서, 은혜, 진실, 성실, 겸손이 보입니다. 착한 사람은 마음이 넓은 사람입니다. 사람들을 끌어안는 사람입니다. 그들을 축복하는 사람입니다.

"바나바가 사울을 찾으러 다소에 가서 만나매 안디옥에 데리고 와서 둘이 교회에 일 년간 모여 있어 큰 무리를 가르쳤고 제자들이 안디옥에서 비로소 그리스도인이라 일컬음을 받게 되었더라"(행 11:25-26).

그 멀리 있는 다소에까지 바나바가 찾아갔습니다. "사울, 나와 함께 목회하자. 나와 함께 사역하자." 그래서 젊은 사울을 데리고 왔습니다. 그 당시 사울은 욕먹는 사람이었습니다. 주님을 만났다고 해도 아무도 믿어주는 사람이 없었습니다. 다메섹의 그 사건을 믿어주는 사람이 없었습니다.

"사울이 예루살렘에 가서 제자들을 사귀고자 하나 다 두려워하여 그가 제자 됨을 믿지 아니하니"(행 9:26).

왜냐하면, 그동안 예수님을 믿는 사람들을 죽이고 핍박했기 때문입니다. 그러니 믿어주는 사람이 없었습니다.

"바나바가 데리고 사도들에게 가서 그가 길에서 어떻게 주를 보았는지와 주께서 그에게 말씀하신 일과 다메섹에서 그가 어떻게 예수의 이름으로 담대히 말하였는지를 전하니라"(행 9:27).

사울이 얼마나 외로웠겠습니까? 주님을 만났는데, 제자들이, 성도들이, 자기를 받아 주지를 않습니다. 믿어주지를 않습니다. 사울을 만나는 것이 무섭고 두렵기 때문입니다. 그런데 바나바가 "제가 책임지겠습니다. 저 사울은 주님을 만났습니다. 변했습니다. 우리 공동체가 받아 줍시다"라고 변호한 사람입니다. 바나바는 참 귀한 사람입니다. 얼마나 멋집니까?

이 바나바는 사울도 세웠습니다. 같이 공동목회를 하면서 1년 동안 가르쳤는데 사람이 변하는 것을 봅니다. 말씀을 가르쳤더니 말입니다. 그리고 사도행전 11장을 넘어가면 사울이 바울이 되었습니다. 바울이 바나바 이름 앞에 있습니다. 후배가 앞에 있습니다. 바나바가 뒤에 있습니다. 바울을 계속 세워주는 것입니다. 왜요? 하나님이 저 사람을 더 크게 쓰실 것이 틀림없다는 것을 바나바가 본 것입니다.

믿음의 눈이, 다음 세대와 미래를 바라보는 눈이 있었던 사람이 바나바입니다. 바울의 제1차 전도 여행에 바울과 바나바가 파송받아 떠납니다. 떠날 때 마가를 데리고 함께 갑니다. 그런데 1차 전도 여행 중간에 도망갔던 사람이 마가입니다. 그래서 2차 전도 여행 때 마가를 데려가지 말자고 바울이 말합니다. 왜냐하면, 바울은 일 중심의 사람이었습니다. "우리 공동체를 파괴한 마가를 데려갈 수 없어"라고 바울은 주장한 것입니다. 그런데 바나바가 마가를 데려가자고 하니 바나바하고 바울하고 다툽니다. 결국은 헤어졌습니다. 그래서 바나바는 마가를 데리고 전도 여행을 가고 바울은 실라와 함께 2차 전도 여행을 떠납니다.

바나바가 이 마가를 격려합니다. 마가를 세우는 것입니다. 헬렌 켈러를 세운 설리반처럼 바나바가 위로하고 세우자 마가는 마가복음의 저자로 쓰임 받는 놀라운 축복의 사람이 되었습니다.

이것이 착한 사람입니다. 이것이 성령 충만한 사람입니다.

"구브로에서 난 레위족 사람이 있으니 이름은 요셉이라 사도들이 일컬어 바나바라 (번역하면 위로의 아들이라)하니"(행 4:36).

바나바의 본명은 요셉입니다. 그런데 너무 격려를 잘하니까, 너무 위로를 잘하니까 사람들이 그 사람의 이름을 바꾸어 불렀습니다. "바나바! 위로의 아들이다. 격려의 아들이다"라고 한 것입니다.

"그가 밭이 있으매 팔아 그 값을 가지고 사도들의 발 앞에 두니라"(행 4:37).

바나바는 자기 밭을 팔아서 교회에 바친 사람입니다. 희생할 줄 아는 사람, 섬길 줄 아는 사람인 것입니다. 이 바나바 같은 사람이 있었기에 교회는 허다한 무리가 넘쳐날 수밖에 없었습니다.

사랑하는 여러분, 이 땅 가운데 우리의 교회가 살아나야 합니다. 정말 다음 세대가 살아나야 합니다. 여러분이 원색적인 복음으로 승부할 수 있기를 축복합니다. 예수를 전해야 합니다. 여러분의 반 가운데 예수님을 만나지 못한 아이들이 있으면 큰일 나는 것입니다. 우리가 다른 것은 못 해도 우리 아이들이 교회에서, 선생님 때문에 예수를 만나는 역사가 있어야 합니다.

이것이 아니면 실패입니다. 아무리 잘해도 예수님을 만난 사람으로 못 키우면 실패입니다. 그리고 이 사역을 감당할 때 성령의 능력으로 감당하십시오. 재주로 감당하는 것이 아닙니다. 기도로 감당하는 것입니다.

교사가 변하면 다음 세대는 변화됩니다. 그래서 좋은 성품과 좋은 인격으로 다듬어져서 우리를 통해서 수많은 백성이 주님 앞에 돌아와 주께 영광 돌리는 놀라운 역사가 있기를 간절히 축복합니다.

CHAPTER

02

다음 세대와
목자

자식을 위해서는 어떤 것도 희생할 각오가 돼 있는 것이
아버지입니다. 말로는 아이를 낳을 수 없습니다. 말로만 키울 수
없습니다. 아비가 되기 위해서는 아파야 하고 피를 토해야 합니다.
이것이 아비라고 성경은 말씀하고 있습니다.

The teacher
who saves
the next generation

CHAPTER
02

다음 세대와
목자

다음 세대를 위한 대안,
아버지입니다

"내가 너희를 부끄럽게 하려고 이것을 쓰는 것이 아니라 오직 너희를 내 사랑하는 자녀 같이 권하려 하는 것이라 그리스도 안에서 일만 스승이 있으되 아버지는 많지 아니하니 그리스도 예수 안에서 내가 복음으로 써 너희를 낳았음이라 그러므로 내가 너희에게 권하노니 너희는 나를 본받는 자가 되라"(고전 4:14-16)

고린도전서 말씀이 우리 교회들을 향한 하나님의 메시지라고 믿습니다. 필자가 섬기는 충정교회는 '삶에 희망을 주는 행복 공동체'로서, 우리 교회가 '천국의 모델 하우스'가 되면 좋겠다는 생각과 기도를 늘 합니다. 이곳에 들어오는 모든 백성마다 '아하, 하나님의 나라는 이런 곳이구나. 아하, 천국이 이런 곳이구나'라고 경험하는 교회가 되길 바랍니다.

우리 모두 다 하나님의 은혜가 심령 가운데 차고 넘쳐서 그 은혜를 가정과 직장과 사업장 가운데 흘려보낼 수 있어야 합니다. 행복을 누리고 나누는 백성들이 바로 충정교회 교인들이 되기를 바라고 있습니다.

우리 충정교회는 온 성도가 비전으로 함께 집중하고 있습니다.

예배, 훈련, 선교, 나눔, 다음 세대, 특별히 우리 예배 가운데 하나님의 임재와 영광이 가득하여, 모든 사람이 이 예배 가운데 주님을 만나 주의 음성을 듣고 회복하여 치유를 경험하기를 바라고 있습니다.

또한, 평신도 지도자들을 많이 세우기를 바랍니다. 지도자는 그냥 세워질 수가 없습니다. 일 년 내내 하나님의 말씀을 통해 연단되고, 좋은 그리스도의 군사로 세워지도록 훈련하고 있습니다.

곧 주께서 다시 오실 텐데, 그 다시 오심을 앞당길 수 있는 일은 전도하는 것입니다. 선교하는 것입니다. 이 일에 매진할 수 있기를 바라는 마음이 있습니다. 특별히 우리가 원주 땅에 살고 있기에 이곳에서 사랑으로 섬김과 나눔을 실천하고 싶습니다. "이 원주 땅에 충정교회가 있어서 정말 좋다"라는 말을 들을 수 있을 정도로 구제와 장학과 베풂의 역사가 있기를 바라고 있습니다.

특별히 다음 세대가 힘을 잃어가는 이 시대 가운데 다음 세대에 더 집중하고 관심을 두고 투자하기를 원합니다. 다음 세대가 10년 후, 20년 후, 30년 후 인물들이 세워져서 이 민족과 열방에, 모든 분야에 그리스도의 영향력을 끼칠 수 있는 그런 은혜의 역사가 있기를 바랍니다.

본문 말씀 가운데 특별히 '다음 세대를 준비하는 교회'에 포커스를 맞추어 보았습니다.

전도와 선교에는 수평적, 수직적 두 가지 방향이 있습니다. 먼저 수평적인 선교, 수평적인 전도입니다. 내가 있으므로 말미암아 동시대를 살아가는 우리 이웃들, 국내외 할 것 없이 내가 믿은 이 주 예수 그리스도가 우리를 통해서 흘러감으로 우리의 가족과 친척과 이웃과 친구와 이 민족과 열방이 주님을 만나 주님 앞에 돌아오는 것. 그것이 바로 수평적인 선교입니다

그런데 이 수평적인 것만 가지고는 안 됩니다. 수직적인 선교, 수직적인 전도, 이것은 우리의 자녀세대, 다음 세대를 우리가 말씀으로 양육하고 복음을 전해서, 은혜가 계속해서 흘러갈 수 있는 아름다운 역사가 일어날 수 있어야 합니다.

어떻게 해야 우리 교회가 살아날 수 있겠습니까? 우리의 다음 세대들이 어떻게 제대로 세워질 수 있겠습니까? 그것은 바로 사람의 문제입니다. 어떤 것도 문제가 아닙니다. 어떤 사람들은 환경이 좋거나 교재가 좋아야 사람들이 세워지고 많은 사람이 은혜를 받고 변화된다고 하지만, 그렇지 않습니다. 환경은 중요하지만, 절대적인 것은 아닙니다.

어떤 사람들은 프로그램을 말합니다. 계속 무슨 프로그램을 만들면 그것이 우리의 인생을 바꿀 수 있다고 하지만, 그렇지 않습니다. 프로그램은 필요하지만 그것이 전부는 아닙니다. 어떤 사람은 재정을 많이 투자하면 그 부서가 살아나고 그 교회가 잘될 것으로 생각하지만 그렇지도 않습니다. 돈만 주면 사람들이 바뀌고 영혼들이 부흥하지 않습니다.

시설도 필요하고 프로그램도 필요하고 재정도 필요하지만 진짜 중요한 것은 '내가 어떤 사람인가?'입니다. 거기에 어떤 목사님이 있고, 장로님이 있고, 교사가 있고, 어떤 사람들이 있느냐가 중요합니다.

여러분 초대교회를 보십시오. 환경이 좋습니까? 돈이 있습니까? 프로그램이 있습니까? 거기에는 하나님이 계셨고 복음이 있었고 성령의 능력이 있었기에, 하나님 손에 붙들린 사람이 있었기에 역사가 일어난 줄로 믿습니다.

"내가 너희를 부끄럽게 하려고 이것을 쓰는 것이 아니라 오직 너희를 내 사랑하는 자녀 같이 권하려 하는 것이라"(고전 4:14).

내가 너희를 부끄럽게 하려고, 창피를 주고 민망하게 하려고 내가 너희에게 교훈하고 권면하는 것이 아닙니다. 내가 너의 아비이기 때문에, 내 자녀이기 때문이라는 것입니다.

만약에 아비와 자녀가 아니라면 관계가 없습니다. 망가지든 말든! 하지만 아비의 마음을 가지고 사랑하니까, 다른 길로 가면 안 되니까, 바로 가야 하니까, 온전히 서야 하니까, 견딜 수 없는 몸부림이 있고, 간절함이 있고, 애절함이 있고, 그 사랑으로 돌보고 축복하기를 바라는 마음이 사도바울 마음속에 강력하게 있었습니다. 망가진 이 고린도 교회가, 이 땅의 교회들이, 치유되고 회복되기를 바라는 마음이 절실했습니다. 아비의 마음이 있었기 때문입니다.

"그리스도 안에서 일만 스승이 있으되 아버지는 많지 아니하니 그리스도 예수 안에서 내가 복음으로써 너희를 낳았음이라"(고전 4:15).

본문에서는 두 종류의 사람이 나옵니다. 우리는 스승과 아버지 중 어떤 사람이 되어야 하겠습니까?

당시 노예 중에서 똑똑한 사람을 뽑아서 가정교사로 두었습니다. 스승과 아버지는 다릅니다. 이 스승은 말로 가르치는 것입니다. 지식을 가르치는 것입니다. 그것이 전부입니다. 스승은 지나가는 사람입니다.

하지만 아버지는 다릅니다. 스승이 나쁘다는 것이 아니라 스승과 아버지는 차이가 있다는 것입니다. 아버지는 끝까지 책임을 져야 합니다. 자식을 위해서는 어떤 것도 희생할 각오가 되어 있는 것이 아버지입니다.

말로는 아이를 낳을 수 없습니다. 말로만 아이를 키울 수 없습니다. 아비가 되기 위해서는 아파야 하고 피를 토해야 합니다. 이것이 아비라고 성경은 말씀하고 있습니다. 그러니까 스승과 아버지는 비교가 안 되는 것입니다. 자식을 사랑하는 깊이와 넓이와 높이가 비교되지 않습니다.

고린도 교회는 말이 많고 지식이 많습니다. 은사까지 받았습니다. 이것이 틀렸고 저것이 틀렸다고 말하는 사람들이 많습니다. 하지만 그것으로 사람이 바뀌는 것이 아닙니다. 아버지가 있어야 합니다. 희생하고 사랑하는 사람이 있어야 합니다. 축복하는 사람이 있어야 합니다. 울어주고 기도해 주는 사람이 있어야 합니다. 그 사람이 바로 '아버지'라고 말하는 것입니다.

교회는 말 많은 사람으로 세워지는 것이 아닙니다. 아버지가 필요하고 희생이 필요합니다. 몸으로 섬길 수 있는 사람이 필요합니다. 그래야 교회가 세워지는 줄로 믿습니다. 그래서 스승과 아버지는 구분이 되는 것입니다. 다음 세대가 살 수 있는 비결, 바로 아버지가 필요합니다.

아버지를 묵상할 때 두 사람이 떠올랐습니다. 모세와 바울입니다. 모세의 고백을 들어볼까요?

"모세가 여호와께로 다시 나아와 여짜오되 슬프도소이다 이 백성이 자기들을 위하여 다른 신을 만들어 세웠사오니 큰 죄를 범하였나이다 그러나 이제 그들의 죄를 사하시옵소서 그렇지 아니하시오면 원하건대 주께서 기록하신 책에서 내 이름을 지워버려 주옵소서"(출 32:31-32).

이것이 바로 아버지의 마음이 아닙니까? 모세는 하나님의 율법을 받기 위해 시내 산에 올라가 금식하며 영광의 은혜를 경험하고 오는데, 밑에서는 우리를 인도하신 신이 금송아지라며 제사를 지내고 있습니다. 견딜 수가 없는 일입니다.

하나님이 그들을 심판하시고 죽여야 마땅할 이런 위기 상황 속에서 모세가 그 백성을 끌어안고 기도하기 시작합니다. "하나님! 이들이 큰 죄를 범하였나이다. 저들의 죄를 사하여 주시옵소서." 이것이 무슨 말인가요? 내가 희생을 당해도, 내가 아픔을 당해도 저들을 좀 살려주시옵소서. 백성들을 살리겠다는 간절한 모습을 보입니다. 이 모습이 바로 아버지의 모습입니다.

"내가 그리스도 안에서 참말을 하고 거짓말을 아니하노라 나에게 큰 근심이 있는 것과 마음에 그치지 않는 고통이 있는 것을 내 양심이 성령 안에서 나와 더불어 증언하노니 나의 형제 곧 골육의 친척을 위하여 내 자신이 저주를 받아 그리스도에게서 끊어질지라도 원하는 바로라"(롬 9:1-3).

바울은 "내가 아프고 너무 힘이 드는데, 내가 아파서가 아니고, 내가 감옥 속에 있어서가 아니고, 내 민족이 믿지 않는 것, 복음을 들고 가도 믿지 않는 것을 견딜 수 없다"라는 것입니다. 이것이 아비의 모습이 아닐까요?

영혼이 망가지는 모습을 볼 수가 없는 것입니다. 사람들이 주님을 만나고 주님을 경험하고 주님 앞에 온전히 쓰임 받아야 한다는 간절한 마음이 바울에게 있는 것입니다.

"그리스도 안에서 일만 스승이 있으되 아버지는 많지 아니하니 그리스도 예수 안에서 내가 복음으로써 너희를 낳았음이라"(고전 4:15).

지금으로 말하면 어머니의 모습으로도 말할 수 있습니다. 그런 존재가 되길 원합니다. 스승은 그냥 있다가 지나가는 아르바이트 생 같은 존재입니다. 아버지는 책임을 집니다. 아버지의 수고와 희생은 끝이 없습니다.

자식을 위해서 희생하고 사랑하는 아버지가 고린도 교회에 너무 없다는 것입니다. 이 시대도 마찬가지입니다. 자식을 위해서 생명을 걸 수 있는 아버지가 없습니다. 필자가 자주 가는 식당의 아주머니가 자식을 위해서 신장을 나눠주는 수술을 하셨습니다. 어떻게 가능할까요? 어머니라서 가능한 것이 아닐까요? 하나밖에 없는 그런 어머니, 아버지가 필요하지 않겠습니까?

담임목사가 일만 스승이 아니라 아버지가 될 수 있다면, 복된 교회일 것입니다. 우리 교회의 어르신들이 정말 아버지의 마음을 품을 수만 있다면 우리 교회는 복된 교회가 될 것입니다. 교회를 위해서 아파하는 사람은 아버지입니다. 아프지 않다면 일만 스승에 해당하는 사람들입니다.

"너희도 아는 바와 같이 우리가 너희 각 사람에게 아버지가 자녀에게 하듯 권면하고 위로하고 경계하노니 이는 너희를 부르사

자기 나라와 영광에 이르게 하시는 하나님께 합당히 행하게 하려 함이라"(살전 2:11-12)

　아버지의 마음을 잃어버리면 교회의 생명은 끝이 납니다. 우리의 다음 세대가 찾고 있는 사람은 스승이 아니라 아버지입니다. 그렇지 않으면 영향력을 줄 수가 없습니다.

　제가 중고등부 학생이었을 때 수십 명이 중고등부실에 모여서 함께 예배하고 훈련했던 시간이 생각이 납니다. 너무 행복했습니다. 은혜를 경험했었고, 저녁에 몇 시간을 기도하면서도 피곤한 줄 모르고 그냥 좋았습니다. 그때 존경했던 분은 거의 다 목사님, 전도사님이었습니다. 왜냐하면, 목사님, 전도사님이 학생들에게 영향력을 끼쳤기 때문입니다. 아버지 같은, 형님 같은 사역자들이 있었기에 학생들의 꿈이 '나도 저 목사님, 전도사님처럼 되고 싶어'였습니다. 요즘은 신학을 하겠다는 학생들을 찾아보기가 힘이 듭니다. 그만큼 학생들에게 영향을 주는 사람들이 너무 적다는 것입니다.

　성경은 "아브라함의 하나님, 이삭의 하나님, 야곱의 하나님"이라고 말하고 있습니다. 부모의 하나님, 자녀의 하나님이라고 말씀합니다. 성도들의 자녀 중에도 믿음의 자녀들, 똑바로 선 자녀들을 찾아보기가 힘이 드는 시대입니다. 학생 때야 부모의 강압 때문에 예배 자리에 나오지만, 대학에 진학하거나 직장 때문에 타지로 나가는 자녀들이 부모 간섭 없이 그곳에 가서 신앙생활을 진정 똑바로 할 수 있을까요? 믿지 않는 사람과 결혼을 하고 그들을 전도한다고요? 그래서 전도해서 잘살고 있을까요? 절대 쉽지 않습니다.

다음 세대를 놓치고 있으면 안 됩니다. 지금 한국교회 절반 이상이 다음 세대 자체가 없습니다. 그리고 다음 세대가 있다고 해도 또 절반은 여름성경학교나 캠프를 진행할 엄두도 못 내고 있습니다. 다음 세대, 이렇게 해서 소망이 있을까요? 자녀들을 위해서, 출세를 위해서 헌신하는데, 그들의 믿음을 위해서는 얼마나 수고하고 계시는지요? 여러분의 자녀들은 괜찮습니까?

그러면 아버지가 되려면 어떻게 해야 할까요? 15절에 나와 있습니다. "그리스도 안에서 내가 복음으로 너희를 낳았노라." 이것이 아버지입니다. 사도바울은 결혼하지 않았습니다. 자식이 없습니다. 그런데 성경 곳곳에서 "내가 너희를 복음으로써 낳았느니라"고 말하고 있습니다. 그것이 가능한 것은 복음이 있었다는 것입니다.

유일하게 복음으로만 영적인 자녀를 낳을 수 있습니다. 그렇지 않으면 껍데기만, 종교인만 만드는 것입니다. 교회만 왔다 갔다 하는 사람만 만드는 것입니다. 그런 사람은 얼마 지나면 반드시 교회를 떠나게 됩니다. 주님이 나의 주인이 아니기 때문입니다. 하지만

나의 자녀들을 주님의 자녀들로 만든다면 하나님은 그들을 아름
답게 인도해 주실 줄로 믿습니다.

복음이 무엇인가요? 성경에 정확하게 나와 있습니다.

"형제들아 내가 너희에게 전한 복음을 너희에게 알게 하노니
이는 너희가 받은 것이요 또 그 가운데 선 것이라 너희가 만일 내
가 전한 그 말을 굳게 지키고 헛되이 믿지 아니하였으면 그로 말미
암아 구원을 받으리라 내가 받은 것을 먼저 너희에게 전하였노니

이는 성경대로 그리스도께서 우리 죄를 위하여 죽으시고 장사 지낸 바 되셨다가 성경대로 사흘 만에 다시 살아나사"(고전 15:1-4).

이것이 복음이라는 것입니다. 우리는 스스로 구원할 수 없는 연약한 존재입니다. 하나님이 우리를 너무나도 사랑하셔서 독생자 예수 그리스도를 이 땅에 보내시고 십자가에 못 박혀 죽게 하셨는데, 그 주님을 믿고 영접할 때에 하나님의 자녀가 될 수 있는 것입니다. 다른 방법은 없습니다.

성경에 교회에 나오면 구원을 받는다는 말은 없습니다. 교회에 나오면 구원받을 수 있는 환경이 조성되는 것입니다. 저는 여러분들이 복음을 진심으로 진지하게 받아들일 수 있기를 축복합니다. 그래서 계속해서 복음을 강조하고 있습니다.

사랑하는 여러분, 이 세상에서 제일 변하기 힘든 사람은 자신입니다. 그런데 여러분들이 이 복음 때문에 여러분의 인생의 구원의 역사가 일어났다면, 그 복음이 여러분의 자녀들도 바꿀 수 있습니다. 이 세상을 변화시킬 수 있는 유일한 대안은 복음입니다. 주 예수 그리스도입니다.

더 나아가서 16절 말씀은 이렇게 말하고 있습니다. "그러므로 내가 너희에게 권하노니 너희는 나를 본받는 자가 되라." 이것이 우리의 소원이 아닌가요? 우리의 기도 제목 아닌가요?

우리는 늘 이야기합니다 "나를 본받으면 안 되고 나를 믿으면 안 돼, 주님을 본받고 주님을 믿어야 해!" 이 말은 정답이고 사실이지만 이 말 배후에는 내가 주님을 똑바로 믿지 못하고 있는 것 때문에 그런 것은 아닌지 돌아보길 바랍니다.

어떤 부모는 절대로 나같이 살지 말라고 이야기합니다. 그 말의 배후가 내가 정말로 똑바로 살지 못했던 것 때문에 그런 것이라면 이 말씀을 바로 기억하지 않았기 때문입니다.

이 말은 사도바울이 교만하거나 완벽하거나 완전하기 때문에 말하는 것이 아닙니다.

"내가 그리스도를 본받는 자가 된 것 같이 너희는 나를 본받는 자가 되라"(고전 11:1)는 말씀은 주님을 사랑하는 모습을 말하는 것 아닌가요? 내가 복음을 위해서 인생을 걸고 열정을 드렸던 그 모습, 내가 지금 완벽하지 않고 완전하지도 않지만, 나는 지금 그럴 수가 없지만, 주님을 닮아 갈 수 있고, 성숙해 갈 수 있으며, 성장할 수 있으니, 그 모습을 본받으라고 사도바울이 말하고 있는 것입니다.

우리의 다음 세대와 자녀들 앞에 부모가 주님을 사랑하는 모습, 부모가 정말 주님 뜻 가운데 온전히 살려고 몸부림치는 모습을 본받으라고 말할 수 있겠습니까?

누가 교회의 모든 것을 막고 있습니까? 이 시대에 전도와 선교를 막고 있는 장애물은 무엇일까요? 믿지 않는 사람들이 사고를 치고 죄를 짓고 나쁜 짓을 하는 것이 선교의 방해물인가요? 너무 안타깝고 부끄러운 것은, 뉴스에서 이단을 포함해 목사가 망가지는 것, 교회가 망가지는 것을 보면서 교회 나오고 싶은데, 결국 못 나오는 것입니다.

믿고 싶은데, 교회 오고 싶은데, 똑바로 주님을 닮아가는 사람이 없는 교회들 때문에, 성도들 때문에, 목사들 때문에, 교회가 문 닫을 것 같은 예감이 들 정도로 가슴 아픈 현실 가운데, 우리 때문에, 우리 고집 때문에, 우리가 주님을 닮지 않는 삶 때문에, 그들이 교회에 나오지 못하는 것이 아닌가요?

필자는 이 세상에 교회가 유일한 소망이라고 믿습니다. 그렇다면 세상을 향해서 교회를 본받으라고 말해야 하는데 말할 수 있을까요? 성경은 분명하게 그리스도를 본받는 자 된 것처럼 나를 본받으라고 말하고 있습니다.

주님께서 우리를 양이라고 말씀하십니다. 양은 목자를 따라갑니다. 양의 특징을 아시지요? 양은 5m가 넘어가면 똑바로 보이지 않습니다. 그래서 양의 앞에 누가 있어야 합니다. 스스로 푸른 초장을 못 찾습니다. 누가 이끌어줘야 합니다. 데리고 가야 합니다. 양들은 혼자 두면 길을 못 찾습니다. 그러면 바로 잡아먹힙니다. 낭떠러지에서 떨어집니다. 본이 되는 모델이 있어야 합니다.

교육에는 가르치는 인지적 교육이 있고 모델링 교육이 있습니다. 여러분 자녀들과 다음 세대는 보고 배웁니다. 우리의 삶을 통해 배우고 우리의 뒷모습을 통해 배웁니다. 하나님께서 오늘 우리에게 교회의 본을 보이라고 말씀하고 있는 것입니다.

주님은 계속 앞서가십니다. 모범을 보이십니다. 우리를 이끌어가십니다. 우리는 그것을 따라가는 겁니다. "너희보다 먼저 가시는 하나님 여호와께서", "그는 너희보다 먼저 그 길을 가시며", "여호와께서 그들 앞에서 가시며", "우리보다 앞서가신 예수님은" 우리는 그래서 앞서가야 합니다.

새 가족이 교회에 오면 기존 성도들의 모습을 보고 그것이 정석인 줄 알고 그대로 보고 배웁니다. 우리가 좋은 모습을 보여줘야 합니다. 좋은 모델이 되어야 합니다.

"맡은 자들에게 주장하는 자세를 하지 말고 양 무리의 본이 되라 그리하면 목자장이 나타나실 때에 시들지 아니하는 영광의 관을 얻으리라"(벧전 5:3-4).

주장하는 자세를 하지 말고 본이 되면 하나님께서 상급과 면류관을 주시겠다고 약속하고 있습니다.

마지막 말씀입니다. 하나님 나라는 말에 있지 아니하고 능력에 있습니다. 말로 세워질 것이 아니라는 것입니다. 우리는 다 말을 합니다. 말 못 하는 사람은 없습니다. 예수 믿는 사람들이 말 잘하는 거 모두가 아닙니다. 그런데 말은 많은데 능력은 있습니까?

말로 사람을 바꾸는 것이 아니라 하나님이 하셔야 사람이 변화되고 열매를 맺고 역사가 일어납니다. 여기서 '능력'은 '두나미스'입니다. "오직 너희가 성령을 받으면 너희가 권능을 받고." 그 능력이 있으면 그것이 예루살렘으로 온 유대로 사마리아로 땅끝으로 우리를 움직이게 하는 동력이 되는 것입니다.

필자는 여러분의 말 한마디 한마디에 하나님의 기름 부으심이 있기를 축복합니다. 여러분의 지식과 여러분의 찬양 가운데 하나님의 은혜가 임하기를 축복합니다. 하나님의 나라는 장소의 개념이 아닙니다. 통치적인 개념입니다. 우리의 심령에, 우리의 가정에, 우리의 교회에, 우리의 기업에, 하나님의 통치가 임하고 하나님의 은혜가 임할 때 능력 있는 인생, 축복의 인생, 영광스러운 인생이 될 줄로 믿습니다.

내가 드러나면 예수님이 작아집니다. 내가 죽을 때 예수 그리스도가 드러나게 됩니다. 수많은 사람이 우리를 바라보고 우리 안에 역사하시는 성령님, 예수님, 하나님을 볼 수 있는 일에 저와 여러분이 온전하게 쓰임 받을 수 있기를 간절히 축복합니다.

다음 세대를 위한 대안,
목자입니다

"내가 진실로 진실로 너희에게 이르노니 문을 통하여 양의 우리에 들어가지 아니하고 다른 데로 넘어가는 자는 절도며 강도요 문으로 들어가는 이는 양의 목자라 문지기는 그를 위하여 문을 열고 양은 그의 음성을 듣나니 그가 자기 양의 이름을 각각 불러 인도하여 내느니라 자기 양을 다 내놓은 후에 앞서가면 양들이 그의 음성을 아는 고로 따라오되 타인의 음성은 알지 못하는 고로 타인을 따르지 아니하고 도리어 도망하느니라"(요 10:1-5).

     우리 교회는 교사가 한 사람도 없습니다. 다 목자만 있습니다. 어른들도 목자만 있고, 교회학교도 교사가 아니라 교육 목자만 있습니다. 왜냐하면, 제가 25년 정도 다음 세대와 함께 직간접적으로 섬기면서 제 마음속에 확정되는 것이 이제는 그냥 교사로는 안 되겠다는 생각을 했습니다. 교회와 다음 세대를 살리는 대안은 목자라는 결론을 내렸습니다. 목자가 대안입니다.

     여러분, 목자가 양을 찾지 않겠습니까? 목자가 똑바로 양육하지 않겠습니까? 우리가 무엇을 해도 목자의 마음과 영성과 리더십을 풍성하게 누릴 수 있기를 간절히 축복합니다.

     "내가 진실로 진실로 너희에게 이르노니 문을 통하여 양의 우리에 들어가지 아니하고 다른 데로 넘어가는 자는 절도며 강도요 문으로 들어가는 이는 양의 목자라"(요 10:1-2).

양을 직접 본 적이 있습니까? 강원도에 양떼목장도 있고, 아프리카나 뉴질랜드, 성지순례에서도 양을 많이 볼 수 있습니다. 양이 있으면 당연히 양 우리도 있습니다. 양 우리에는 여러 종류가 있습니다. 동네 공동 우리도 있을 것이고, 부잣집은 자기 집에 있을 것이고, 동굴로 막은 우리도 있을 수 있고... 아무튼, 양들은 밤이 되면 우리로 들어갑니다.

당연히 우리에는 양 문이 있습니다. 목자는 양 문을 통과하는 사람들입니다. 제가 교회에 문을 통하여 들어왔습니다. 이런 사람은 정상적인 사람입니다. 그런데 만약 창문을 뚫고 들어오거나, 천장을 뚫고 들어오는 사람은 주님께서 절도, 강도라고 합니다. 문을 통과하지 않고 들어오는 사람은 목자가 아니라고 말씀합니다.

"그러므로 예수께서 다시 이르시되 내가 진실로 진실로 너희에게 말하노니 나는 양의 문이라"(요 10:7).

나는 양의 문이다. 그럼 목자는 누구입니까? 문을 통과하는 사람입니다. 문은 누구를 가리킵니까? 예수님입니다. 목자가 어떤 사람입니까? 예수님을 통과한 사람, 예수님을 믿는 사람입니다.

좋은 부모는 예수님을 잘 믿는 부모입니다. 좋은 교사는 누구입니까? 예수님을 똑바로 믿는 교사입니다. 부모가 어떤 가치를 가지고 살아가는지 자녀들이 다 압니다. 여러분들이 예수를 누리며, 예수의 마음을 품고 살아가는지, 예수의 가치를 품고 살아가는지를 다른 사람들도 다 압니다.

다른 무엇을 하는 게 아니라 문을 통과해야 합니다. 예수를 체험해야 합니다. 예수와 함께 사는 것입니다. 예수님과 동행하는 것입니다. 이것이 목자입니다. 예수님과 거하지 않고 주일에 한번 왔다 갔다 하다가 주님 찾는 사람은 목자가 아닙니다. 목자는 주님을 통과해야 합니다. 문을 통과하는 것입니다. 이게 액세서리가 아니라 내 인생에 전부가 되는 사람, 능력이 되는 사람, 문을 통과하는 사람이 되어야 합니다. 그래야 내가 만난 주님이 내 인생을 변화시켰고 내 인생을 바꿔주었으니 그 예수를 다음 세대에게 전달하지 않겠습니까?

우리가 찬양은 좀 잘못해도, 율동은 좀 어설프게 해도, 다른 건 부족해도, "선생님, 저는 선생님 때문에 예수님을 만났어요"라는 고백을 들어야 진짜 예수 믿는 교사입니다.

내가 예수를 믿는다면, 확신이 들고 감격이고 축복이라면, 그 예수를 증거 하지 않겠습니까? 얼마나 예수가 나와 상관이 없길래 똑바로 말도 못 하고, 나누지도 못하는 것입니까? 목자가 누구냐? 예수를 똑바로 믿는 사람입니다.

여러분이 무슨 말을 많이 하는지 자녀가 다 듣고 있습니다. 자녀들이 다 압니다. 엄마 아빠가 진짠지 가짠지 압니다. 교회 오면 엄마 아빠가 얼굴이 밝아져서 "할렐루야" 찬양을 하는데 집에 오면 음성이 달라집니다. 교회 오면 그렇게 "항상 기뻐하라. 쉬지 말고 기도하라. 범사에 기도하라"라는 성구도 암송하고 인사하는데, 집에 오면, 구호가 달라져요. "항상 공부해라. 쉬지 말고 공부해라. 범사에 공부해라. 이것은 너를 향한 엄마의 뜻이니라."

집에 오면 늘 TV를 묵상하십니다. "TV는 나의 목자시니, 그가 나를 사극과 드라마로 인도하시는도다." 갑자기 엄마가 이상해집니다. 자녀뿐 아니라 동네 사람이 우리가 진짠지 가짠지 다 알고 있습니다. 선교의 가장 큰 장애물은 바로 우리입니다. 우리가 똑바로 안 믿는 겁니다. 세상 사람들처럼 싸우기 좋아하고, 말만 많고, 고집부리기 좋아하고... 예수를 똑바로 믿지 못하는 것입니다.

예수를 통과한 것이 내 인생의 축복이고 은혜이고 전부여야 합니다. 그래야 내가 통과했던 감격 때문에 그 예수를 증거하고 목자가 똑바로 됩니다.

여러분은 집에서 무슨 말을 많이 하십니까? "예수를 잘 믿는 거야. 내가 예수를 믿고 만나보니 예수님이 내 인생을 붙잡아주셨고, 바꾸어주셨어. 그 감격 때문에 예수 믿어야 한다. 우리의 구원자는 예수밖에 없다"라고 증거 하는 사람이 되어야 하지 않겠습니까?

하나님이 저에게 자녀를 주셨어요. 첫째가 딸 고은, 둘째가 딸 아름, 셋째가 딸 주희, 넷째가 아들 정훈입니다.

필자는 목회하기 전 한국어린이전도협회라는 선교단체에서 17년 정도를 섬겼습니다. 그 선교단체에서는 '글 없는 책'이라는 전도 도구를 사용하여 개인 전도를 합니다. 하나님은 어떤 분이신지, 우리는 하나님 앞에 어떤 존재며, 예수님께서 나를 위해 무엇을 해 주셨는지, 이 예수님을 믿을 때 어떻게 되는지, 내가 어떻게 자라야 하는지를 설명합니다.

제가 개인 전도만 수천 명을 했습니다. 평생 어린이, 어른 집회를 다니며 오로지 전도만 했습니다. 그러니 더욱 우리 자녀들은 어릴 때부터 더 강조하지 않았겠습니까? 몇 년 전에 우리 딸에게 물어본 적이 있습니다. 목사가 목사 딸에게 이렇게 물어봤습니다. "사랑하는 딸 고은아, 너 예수님 믿니?"

"이는 혈통으로나 육정으로나 사람의 뜻으로 나지 아니하고 오직 하나님께로부터 난 자들이니라"(요 1:13).

요한복음 1장 13절에는 오직 하나님의 뜻으로만 난다고 했는데, 아버지가 목사면, 아버지가 장로면 구원받는다는 말이 성경에 없습니다. 스스로 예수를 믿어야 합니다. 그랬더니 고은이가 예수를 믿는다는 겁니다. 너무너무 행복했습니다. "너 언제 예수님 믿었니? 십자가에서 죽으시고 다시 사신 예수님을 믿은 적이 언제야?" 고은이는 아빠가 7살 때 '글 없는 책'을 가지고 예수님을 전해줘서, 아빠를 통해서 예수님을 믿었다는 것입니다.

얼마나 기쁜지요. 고은이가 예수님을 영접했구나! 찬양을 잘하고 목사 딸이라서 구원받는 게 아니고, 아빠를 통해서 예수님을 만났구나!

둘째 딸 대학생, 아름이에게도 물어봤습니다. "아름아, 예수님 믿어?" 그랬더니 아름이도 믿는다는 것입니다. 딸이 아빠를 통해서 초등학교 2학년 때 영접했다는 것입니다. 너무나도 감사한 일입니다. 제가 예수를 만나보니 예수가 제 인생의 전부인 것입니다. 제가 문을 통과해봤잖아요. 누군지 알잖아요. 그래서 예수를 위해 사는 것이 정말 영광이고 축복이지 않습니까! 감사하게도 사랑하는 자녀들이 예수님을 영접하고 주님 앞에 나와 예배하고 세상을 변화시키는 하나님의 사람들로 세워지는 것이 너무너무 감사한 것입니다.

필자는 여러분들이 예수의 문을 통과한 사람들인 줄로 믿습니다. 그렇다면 그 예수가 누군지 증명하는 것이 중요합니다.

평촌에 있는 Y교회에 집회를 갔습니다. 처음에 갔을 때 '회심 집회'라는 플래카드를 보았습니다. 회심 집회? 무슨 부흥회도 아

니고 천국 잔치도 아니고 회심 집회? 충격을 받았습니다. 그 교회
는 1년에 한두 번 토요일에 회심 집회를 합니다. 영아부 회심 집회,
유아부, 유치부, 초등부, 소년부, 중등부, 고등부 교육부서 전체가
다 회심 집회를 합니다.

식사를 하면서 김 목사님께서 말씀하셨습니다. "목사님, 복음
을 전해주세요." 제 가슴을 뛰게 하는 말씀이었습니다. 제 가슴을
뛰게 하는 단어가 몇 개 있는데, 그중 하나가 '복음'입니다. 다음 세
대, 교회, 복음... 이런 단어가 던져지면 제 가슴이 막 뜁니다. 그것
을 위해서 인생을 드리고 있고, 제 가치는 오직 그것뿐입니다.

회심 집회에서 마음껏 복음을 전하게 되었고, 놀라운 역사를 경
험할 수 있었던 데는 다 이유가 있었습니다. 회심 집회를 위해서

온 성도가 교육부서와 다음 세대를 위해서 3개월 전부터 기도회를 하는 것이었습니다.

학생들의 인생이 변화되기 시작했습니다. 교회는 '회심 이야기'라는 책을 만들어서 간증들을 나눠줍니다. 그 책을 보면, 주님을 만나서 인생이 바뀐 이야기, 꿈을 가진 학생들, 예배에 불이 붙은 학생들, 전도에 불이 붙은 아이들, 기도에 불이 붙은 아이들의 간증으로 가득 차 있습니다. 주님 만나니까 어린이들도 인생이 바뀌는 것입니다.

그 교회 목사님의 아들이 어릴 때 제가 섬겼던 단체의 캠프에 와서 예수님을 만났다고 했습니다. 담임 목사님의 아들이 예수님을 만난 것입니다. 교회를 다녀도 예수님을 못 만난 사람들이 많아서 그 교회 교육부서는 매년 마다 한두 번씩 회심 집회를 진행하게 되었다고 합니다.

그 후 다른 교회들도 회심 집회를 하기 시작했습니다. 복음을 전할 때마다 역사가 일어납니다. 아이들이 무슨 죄가 그렇게 많은지, 죄를 주님 앞에 고백하고, 예수 그리스도 앞에 인생을 드리는 아름다운 역사를 보게 됩니다.

여러분 목자가 누굽니까? 문을 통과한 사람이 누굽니까? 문이 누굽니까? 예수 그리스도입니다. 필자는 일찍 사역을 시작해서 제자가 많은 편입니다. 어느 날 저를 방문한 신대원 3학년 제자 전도사님과 교제하다가 집회에 가야 한다니까 "목사님, 가서 집회 좀 세게 해주세요"라고 하였습니다. "왜?" "제가 어릴 때 목사님 설교 듣고 예수님을 만났잖아요"라고 대답했습니다.

여러분들을 통해서 예수 만나는 일들이 일어날 수 있기를 축복합니다. 여러분 자녀의 마음속에, 여러분 교회의 아이들 마음속에 예수님이 계시면 얼마나 좋겠습니까? 피 값 주고 세우신 교회에서, 세상에서 들을 수 없는 이야기를 해주어야 합니다. 문 되신 예수 그리스도, 그 예수를 만나야 인생이 바뀌기 때문에 그분을 전해야 합니다. 예수님을 만나는 것은 인생 최고의 축복입니다.

"문지기는 그를 위하여 문을 열고 양은 그의 음성을 듣나니 그가 자기 양의 이름을 각각 불러 인도하여 내느니라"(요 10:3).

팔레스타인의 목장들은 보통 공동 우리가 있습니다. 양들이 온종일 풀을 먹다가 저녁이 되면 우리 안에 들어갑니다. 여러 목장의 양들이 같이 있는 것입니다. 양이 못 나가도록, 밤에 잘 자도록 목자가 문지기가 되는 것입니다. 문지기가 목자입니다.

밤을 지내고 자기 목자가 "양순아"라고 부르면 다른 양은 움직이지 않습니다. 양순이가 그 목자의 음성을 듣고 나옵니다. 다른 목자가 와서 "양돌아"라고 부르면 양돌이만 고개를 돌려나오는 겁니다. "각각 자기 양의 이름을 불러 인도하여 내느니라." 이것이 목자입니다.

목자가 누구입니까? 이름을 아는 것이 목자입니다. 이름을 안다는 것은 단순히 이름 석 자를 아는 게 아닙니다. 그를 아는 것입니다. 여러분은 아이들의 이름을 아십니까? 왜 결석했는지 알아야지요. 꿈이 무엇인지 알아야지요. 가정에 무슨 문제가 있는지 알아야지요. 이것이 목자입니다. 알려면 만나야 합니다. 질문해야 합니다. 교제해야 합니다. 그래야 알 수 있습니다. 양들의 이름을 각각 불러 인도하여 내는 사람이 목자입니다.

하나님이 여러분의 이름을 안다는 것을 아십니까? "아담아, 아담아" 이름을 아시고 불러주십니다. 숨어있지 말라고, 거기 있지 말라고, 나오라고, 하나님께서 부르십니다. "노아야" 직접 불러주십니다. 사명을 주십니다. 아브라함을 부르시고, 나사로를 부르시고, 다른 사람 말고 나사로가 나오라고 하십니다. 마리아를 아시고, 마르다를 아시고, 울지 말라고 이름을 불러주십니다.

그 하나님은 여러분의 이름을 아십니다. 그분이 우리의 목자십니다. 우리가 양인데도 불구하고, "너, 나 사랑하니?" "어린 양을 먹이지 않겠니?"라고 하시며 우리를 세워주시는 것입니다.

혹시 이런 사람 아십니까? 여리고 마을에 키 작은 사람이 있었습니다. 부자이고 명예도 있습니다. 세리 장입니다. 집도 넓을 것입니다. 옷도 비쌀 것입니다. 그런데 친구가 없어요. 외로워요. 자기 집에 오는 사람이 없어요. 아마 자기를 사람들이 '도둑놈, 매국노'라고 부르는 줄 알았을지도 모르겠습니다.

그 사람이 소문을 듣습니다. 예수님이 세리를 만나주신다는 것입니다. 세리, 창기는 사람들이 잘 안 만나주는데... 그런데 그 집에 가서 밥도 같이 먹었다는 것입니다. 충격 아니었겠어요?

그런데 자기와 같은 마태가 세리를 그만두고 예수님 제자로 따라갔다는 소리는 더 충격이었을 것입니다. 그 예수님이 자기 마을에 오신다는 거예요. 막 달려갔지만, 사람이 얼마나 많은지 예수님이 보이지 않았습니다. 키가 작아서 나무에 올라갑니다. 긴 치마를 입고서요.

얼마나 가슴이 뛰었을까요? '저분이 예수님인가?' 저 멀리서 예수님이 뚜벅뚜벅 걸어오셨습니다.

"삭개오야!"

삭개오는 감동에 벅찼을 것입니다. 평생 살면서 자기 이름이 '삭개오'인 줄 몰랐을 거예요. 삭개오라고 이름을 불러주는 사람이 없었거든요. 삭개오가 명찰을 달고 있지도 않은데 어떻게 아셨을까요?

예수님은 하나님이세요. 내 이름뿐만 아니라, 생각과 마음도, 상처도, 남몰래 흘리는 눈물도, 과거도 다 아시는 분이십니다.

"내 이름 아시죠~ 내 모든 생각도~ 내 흐르는 눈물~그가 닦아

주셨죠~ ”

"내가 오늘 너의 집에 가고 싶어." 성경을 보니까 삭개오가 "급히 내려와 즐거워하며 영접하거늘"이라고 했습니다. 내일이 아니라 지금 즉시입니다. 급히 내려오는 것입니다. 여러분 예수님 만나는 것보다 더 중요한 일은 없습니다.

필자가 교회 부임해서 2, 3달 목회를 하고 있을 때 어른들 예배 끝나고 로비에서 인사하면서 승리하시라고 악수를 하고 있었습니다. 그런데 갑자기 어떤 여자 청년이 제 앞에 나타나더니 "목사님 제 이름 알아요?"라고 하는 것입니다. 얼마나 놀랐는지 모릅니다.

우리 교회는 일주일에 한 번 교역자 회의를 길게 합니다. 회의시간에 기도회를 같이 하기 때문입니다. 각자 맡은 부서 아이들, 청소년들 놓고 기도하고 특별사항과 기도 제목도 써놓습니다. 그런데 정말 감사한 것은 며칠 전에 그 자매를 위해 기도를 했습니다. "내가 알지, 조은영."

은영이가 얼마나 좋아하는지요! 그때부터 은영이는 저의 왕팬이 되었습니다. 아무리 제가 젊고 오픈되어 있어도, 권사님들도 목양실에 들어오기 쉽지 않아요. 그런데 당당하게 노크하고 목양실에 들어와서 냉장고 문을 열어 음료수를 먹는 학생은 은영이밖에 없습니다. 필자가 목회를 해보니까 이름만 알아도 목회가 됩니다.

필자의 교회서 끊임없이 하는 한 가지를 소개합니다. 새벽기도가 끝나면, 매일 부교역자들이 다 앞자리로 나옵니다. 아이패드를 놓고 한 시간씩 눈뜨고 성도들의 이름을 부르며 기도하기 시작합니다. 교육부서 담당자는 자기 맡은 부서 명단을 가지고 와서 기도합니다. 교구 담당자는 자기 교구 명단을 놓고 기도합니다. 성도의 이름을 모른다는 것은 기도를 안 한다는 것입니다.

필자가 기도를 해보니까 하나님께서 은혜를 주십니다. 기도할 때 매일 제 가슴에 와닿는 사람들을 붙여 주십니다. '왜 이분이 요즘 안 보이지?' 기도하면 다 압니다. 기도하다 보면, 하나님께서 만날 사람을 가르쳐 주십니다. 어떤 성도를 만나서 함께 식사하라고 가르쳐 주십니다.

항상은 아니지만, 아침에 전화를 바로 하면 그분이 펑펑 울면서 전화를 받습니다. 정확한 타이밍을 주십니다. "목사님하고 상담하고 싶었는데..."

제가 한 달 전부터 계속 기도하는데, 마음속에 계속 와닿는 분이 계셨어요. 우리 교인은 아니지만 더는 지체할 수 없어서, 사인을 주셨기 때문에, 작은 선물을 가지고 앞이 안 보이시는 분이라 직접 찾아갔어요. 한참 얘기하고 기도하고 위로해 주었습니다.

필자는 교회 크기와 교단을 초월해서 한국교회를 살리는 비결은 프로그램에 있지 않고 영혼들을 가슴 속에 품고 기도하는 데 있다고 믿습니다. 기도해야 합니다. 목자가 이름을 부르는 것입니다.

이름을 접수하는 것입니다. 그러면 여러분이 그 사람을, 그 아이들을 사랑하게 됩니다. 너무 보고 싶어지고, 견딜 수 없게 되어서 그 아이에게 대충 설교를 할 수가 없게 됩니다. 왜요? 한 인물 될 사람이거든요. 마음을 다해서 축복하고 기도해 주게 됩니다.

필자는 여러분들이 날마다 아이들의 이름을 부르며 기도할 수 있기를 축복합니다. 이것이 승리하는 비결입니다. 여러분이 목자입니다. 그냥 공과 책을 들고 왔다 갔다 하다가 끝나는 게 아닙니다. 진짜 목자가 되어야 합니다. 예수를 똑바로 믿는 것입니다.

우리는 교회 교사입니다. 주님의 교사입니다. 그러면 주님을 전해야 합니다. 주님을 전해야 역사가 일어나는 것입니다. 분반 공부할 때 학생들이 선생님의 기도를 받고 가야 합니다. 안 그러면 일주일 내내 부모로부터 기도를 받지 못하는 학생들도 있습니다. 기도해 주셔야 합니다.

본문의 말씀으로 학생들을 축복하며 기도해 주십시오. 선생님들의 기도를 받고 학생이 출입문을 나가면서 이겨낼 수 있도록, 그날 배운 말씀을 적용할 수 있도록 하면 대성공입니다.

"자기 양을 다 내놓은 후에 앞서가면 양들이 그의 음성을 아는 고로 따라오되"(요 10:4).

목자의 위치를 표시해놨습니다. 양 앞입니다. 교사는 앞서가야 합니다. 모범을 보여야 합니다. 왜냐하면, 양의 특징 때문에 그렇습니다. 전 세계 사람들이 말하는 양의 특징 첫 번째는 방향감각이 없다는 것입니다. 시력이 좋지 않습니다. 앞을 볼 수 있는 시선이 5m 정도 넘어가면 희미하게 보입니다. 직진, 좌회전, 우회전을 자발적으로 할 수 없습니다.

그런데 그 양이 누구입니까? 우리가 양입니다. "너희는 다 양 같아서." 성경을 보면 우리와 양이 같다는 것을 알 수 있습니다. 방향감각이 없습니다. 또 양은 고집이 셉니다. 몸은 크고 다리는 짧아서 달리기를 못 합니다. 게다가 지독하게 냄새가 납니다.

생각해 보세요. 우리는 옷을 입고 사는 데도 때가 많이 나옵니다. 그런데 양은 털이니까 뒹굴 때마다 얼마나 세상의 더러운 것들이 다 묻겠습니까? 또 양은 넘어지면 일어나기가 어렵습니다. 더운 여름에는 붙어 다니고 추운 겨울에는 떨어져 있어요. 자기들밖에 모릅니다. 양이 우리입니다. 멀리서 보면 다 깨끗해 보입니다. 가까이 오면 얼마나 더럽고 냄새납니까?

그 더러운 양에게 필요한 것은 바로 목자입니다. 양은 방어능력이 없어요. 싸움을 못 합니다. 뿔도 있고 이빨도 있긴 하지만 공격용이 아닙니다. 맹수가 나타나면 달리기가 늦어서 잡아 먹힙니다. 그래서 목자가 지켜주어야 합니다.

필자는 여러분이 그런 목자가 되길 축복합니다. 교사가 목자가 되어야 합니다. 목자의 영성이 없으면 우리 학생들은 다 망가지고 교회도 망가지는 것입니다. 그래서 일만 스승 되지 말라고 하십니다. 아비가 되어야 합니다. 그게 목자가 되는 것입니다. 학생들은 방어능력이 별로 없습니다. 우리도 마찬가지입니다. 그래서 목자가 필요한 것입니다. 앞서가야 합니다. 모범이 되어야 합니다. 본이 되어야 합니다.

우리에게 여러 가지 교육이 있습니다. 첫 번째는 인지적 교육이 있고 두 번째는 모델링 교육이 있습니다. 이 세상 최고 교육은 보고 배우는 것입니다. 본이 되고 모델이 되어야 그 사람의 메시지가 들리기 시작합니다.

학생들이 늘 "주님, 주님"이라고 하지 않습니다. 노는 것을 좋아합니다. 모범이 되어야 하는데, 앞서가야 하는데, 선생님은 주일날 안 오시거나 늦게 오십니다. 늘 늦게 오십니다. 학생은 와서 선생님을 찾는데 선생님이 안 보이십니다. 그래서 부장님이 합반하라고 광고하십니다. 그러면 되겠습니까?

학생들 마음 구석에 '교회는 바쁘면 빠져도 괜찮은 곳이다'라고 생각하면 끝입니다. 다 깨지는 것입니다. 예배가 기본인데 그 기본이 무너지면 다 무너지는 것입니다. 교사들의 모든 모습 속에서 '저분 닮고 싶다. 나도 저분처럼 살고 싶다'라는 생각을 학생들이 해야 하지 않겠습니까?

성경에는 먼저 가신 하나님, 앞서가신 하나님이란 말이 많이 나옵니다. 우리가 모델이 되고 본이 되어 살기를 원합니다. 그래야 좋은 목자 아니겠습니까! 학생들 스스로는 절대로 못 갑니다. 시력이 안 좋고 방향감각이 없는데 어떻게 갈 수 있겠습니까?

먼저 부모가 좋은 모델이 되어야 합니다. 자녀가 부모를 보면서 도전을 받아야 합니다. 집에서 부모들이 성경을 보는 모습이 좀 있어야 하지 않겠습니까? 부모님이 기도하고 계시고, 정직하고... 자녀들은 진짜를 압니다. 부모가 좋은 모델이 되어야 본받고 싶어 하고, 따르고 싶고, 가장 존경하는 분이 부모님이라는 소리가 나옵니다. 가정에서 먼저 좋은 부모를 만나야 합니다.

지도자가 기도를 안 하는데 기도하라고 말할 수 있겠습니까? 본인이 준비되지 않은데 얘기하면 속으로 '너나 잘해라'라고 얘기하지 않겠습니까? 그래서 우리가 말보다는 본을 보여야 인격적 권위가 세워집니다. 본이라는 것은 학생들 앞에서 보이는 게 아닙니다. 학생들이 안 보는 곳에서 똑바로 사는 것입니다.

학생들 앞에서만 잘난 척하고 좋은 모습으로 보이는 것은 반드시 들통나게 되어있습니다. 학생들이 안 볼 때 똑바로 주님 앞에서 살아가는 것이 그 사람의 성품이 되고 인격이 되는 것입니다. 평소에는 엉망진창으로 살다가 주일날 만나서 "사랑해, 얘들아"라고 하면 학생들이 그 소리가 진짜인지 아닌지 압니다. 어떤 초등학생이 "목사님, 우리 선생님 좀 바꿔주세요"라고 했습니다. 선생님이 맘에 안 든다는 것입니다.

교사들은 긴장해야 합니다. 연말에 새로 임명을 합니다. 다음 세대 교육 목장의 자녀들을 둔 부모님들은 살짝 긴장합니다. '우리 자녀의 선생님은 누가 될까?' 성령 충만한 분이 자녀의 담임으로 임명되면 엄마 아빠는 너무 좋아합니다. 그 선생님을 늘 지켜봤으니 그 성령 충만함과 성품과 섬김의 은혜가 자녀에게 흘러가기를 간절히 원하기 때문입니다.

그런데 모범이 되지 않은 분이 담임으로 정해졌다고 가정해 봅시다. 이분이 엉터리인 거 다 알지 않습니까? 술 먹고 담배 피는 거 다 압니다. 주일날 얼굴만 잠깐 비추고 일주일 내내 교회 안 오는 것도 압니다. 기도 안 하는 것도 압니다. 1년 동안 함께 해야 하는데, 바꿔 달랄 수도 없고 안 할 수도 없어서 얼마나 괴롭겠습니까?
물론 이런 분은 교사로 임명하지도 않겠지만, 아무튼 모범을 보여야 합니다. 본이 돼야 합니다. 여러분들이 앞서가는 좋은 본을 보이는 사람 되기를 간절히 원합니다.

"내가 문이니 누구든지 나로 말미암아 들어가면 구원을 받고 또는 들어가며 나오며 꼴을 얻으리라 도둑이 오는 것은 도둑질하고 죽이고 멸망시키려는 것뿐이요 내가 온 것은 양으로 생명을 얻게 하고 더 풍성히 얻게 하려는 것이라"(요 10:9-10).

양들은 목자들을 통해서 두 가지를 얻습니다. 구원과 꼴, 그리고 두 번째는 생명과 풍성함입니다. 양들이 목자들을 통해서 우리를 넘나들면서 구원을 받아야 해요. 꼴을 먹어야 해요. 여러분은 학생들의 믿음이 성장하길 원하잖아요. 그럼 말씀을 먹어야 합니다. 우리가 예수님을 만나는 이유는 생명을 얻기 위함입니다. 거기서 끝이 아니라 더 풍성하게 되는 것입니다.

필자는 여러분들이 말씀을 잘 준비해서 가르치므로 자녀들과 다음 세대들이 말씀으로 견고하게 세워지기를 간절히 원합니다. 그래야 흔들리지 않습니다.

여러분은 어떻습니까? 말씀을 잘 준비하고 있습니까? 은혜를 받고 있습니까? 주님을 경험하고 있습니까? 여러분 학생들도 은혜를 원하고 있습니다. 준비 없는 공과, 준비 없는 섬김 때문에 은혜도 못 받고, 주님도 못 만나고, 결단도 못 해서, 새롭게 살지 못하는 아이들이 있습니다. 1년이 지나도, 6년이 지나도 주님을 만난 체험도 없고, 기도도 없는 학생을 만들면 어떻게 하겠습니까?

믿음은 들음에서 납니다. 우리 학생들은 말씀을 싫어하지 않습니다. 밀가루를 그대로 주면 먹을 수 있을까요? 밀가루로 요리를 잘해서 주면 아주 맛있게 잘 먹습니다. 말씀을 잘 준비해야 합니다.

몇 년 전 제가 가르쳤던 한 5학년 학생의 이야기입니다. 설교를 마친 후 저에게 찾아와서 말했습니다. "목사님, 오늘 설교 너무 은혜받았어요." 감동이지만 사실 그다음 말이 더 저를 감동하게 했습니다. "목사님, 다음 주에도 은혜로운 설교 부탁해요." 학생들은 이번 주에도, 다음 주에도 계속 하나님의 임재를 느끼길 원하고 있습니다. 그런데 우리가 엉터리로 하면, 학생들이 주님을 어떻게 만납니까?

필자는 이런 학생도 만났습니다. 1년 52주를 한 번도 안 빠지고, 성경퀴즈도 만점 받는 학생들이 몇 명 있었습니다. 그중에 민준이가 한 주를 빠지게 되었습니다. 누구 때문에 빠졌을까요? 엄마, 집사님 때문입니다. 그다음 주에 민준이가 예배 끝나고 필자에게 찾아 왔습니다. "목사님, 지난주 설교는 뭐였어요? 들려주세요." 필자는 민준이 혼자 앉혀놓고 노트북 펴놓고 PPT 보여주면서 지난주 설교를 다시 했습니다. 지난주는 지나갔지만 무슨 설교인지 너무 궁금하고 아쉬워서 찾아온 것입니다. 학생 한 명 놓고 다시 설교하고, 보너스로 기도해 주고, 맛있는 거 사주고 축복해 주었습니다. 정말 감사한 일입니다.

필자의 교회는 매주 토요일 오전 6시, 삼 대가 함께 하는 토요 성령축제를 드립니다. 2년 전까지는 금요성령집회로 드렸습니다.

그때 고등학생, 중학생이 엄마하고 한 번도 빠지지 않기로 약속하고 금요성령집회에 참석했습니다. 학교에서도 공부를 잘하는 학생입니다. 어느 날 금요집회에 불참했는데, 토요일 아침에 필자를 찾아 왔습니다. 고등학생이 담임목사를 찾아오는 게 쉬운 게 아닙니다. 그런데 담임목사님 방에 노크하고 들어와 어제 자기가 빠져서 못들은 설교를 다시 해달라는 것입니다.

우리 학생들 가운데는 말씀을 듣고 싶어 하는 학생들이 있다는 것을 기억해야 합니다. 그냥 돌려보내시면 안 됩니다. 말씀을, 은혜를 경험시켜 줘야 합니다.

"또 어려서부터 성경을 알았나니 성경은 능히 너로 하여금 그리스도 예수 안에 있는 믿음으로 말미암아 구원에 이르는 지혜가 있게 하느니라"(딤후 3:15).

디모데는 어려서부터 성경을 알았습니다. 그 성경이 믿음으로 말미암아 구원에 이르는 지혜가 있게 합니다.

필자는 여러분들이 다음 세대에게 성경을 유산으로 물려줄 수 있기를 축복합니다. 필자는 여러분 때문에 자녀들이 하나님의 말씀을 굳게 붙잡을 수 있기를 축복합니다. 계속 가르쳐야 합니다. 인생이 힘들 때, 무슨 일을 결정할 때에 들었던 말씀이 그의 인생 가운데 영향을 미칠 줄로 믿습니다. 말씀, 말씀을 유산으로 물려줘야 합니다. 자녀들이 성경을 부모에게 배웠다는 간증을 할 수 있기를 축복합니다.

필자의 가정은 토요일 밤에 가정예배를 드립니다. 아내와 자녀들에게 내일 설교를 그대로 합니다. 그리고 코멘트를 받고 다시 수정도 합니다. 말씀을 잘 준비하셔야 합니다. 잘 먹이셔야 합니다. 성경을 유산으로 물려주셔야 합니다. 여러분 자녀들에게 물질과 안락함을 물려주면 자녀는 망합니다. 고난이 있어도, 말씀을 부여잡고 믿음으로 돌파할 수 있도록 가르쳐 줘야 합니다. 말씀, 말씀을!

찬송가 199장
"나의 사랑하는 책 비록 해어졌으나
어머니의 무릎 위에 앉아서 재미있게 듣던 말
그때 일을 지금도 내가 잊지 않고 기억합니다.
귀하고 귀하다 우리 어머니가 들려주시던
재미있게 듣던 말 이 책 중에 있으니
이 성경 심히 사랑합니다."

정말 이 가사대로 살고 있습니까? 여러분의 부모님이 혹 그렇게 못 해주셨다면, 여러분부터 그렇게 하셔야 합니다.

"이는 네 속에 거짓이 없는 믿음이 있음을 생각함이라 이 믿음은 먼저 네 외조모 로이스와 네 어머니 유니게 속에 있더니 네 속에도 있는 줄을 확신하노라"(딤후 1:5).

디모데의 외조모 로이스와 어머니 유니게 속에 거짓이 없는 믿음이 있었습니다. 로이스와 유니게로부터 말씀을 배웠던 디모데는 사도바울을 이어 당당한 영적인 거장으로 자랄 수 있었던 것입니다. 말씀으로 가능했던 것입니다.

사도행전 16장을 보면 디모데 아버지는 불신자로 추정됩니다. 헬라인입니다. 이방인입니다. 어머니만 예수 믿는 유대인입니다. 그런데도 아비의 영향을 받지 않고 어미의 영향을 받아서 말씀으로 세워지고 성경을 알고 믿음으로 세워지는 놀라운 축복의 역사가 디모데 가운데 있었습니다.

여러분의 주위에 믿지 않는 사람이 있다면 복음을 전해야 하고, 믿는 사람이 있다면 영적인 교훈을 주어야 합니다. 본문 말씀을 통해서 복음의 역사, 영적 교훈의 역사를 잘 분석하고 알아내서 성경을 가르칠 때 내가 살고 다음 세대가 사는 역사가 있다는 사실을 기억하시기 바랍니다.

필자가 섬기는 교회의 전 교육부서는 본문 말씀 그대로를 연령별로 특성에 맞게, 쉽게, 재미있게, 분명하고 정확하게 전합니다. 그러니까 교사들이 먼저 은혜를 받습니다.

필자는 여러분들이 전도사님들이 설교하든 부모님들이 설교하든 그 예배시간에 하나님 말씀을 통해서 은혜를 많이 받을 수 있기를 바랍니다.

필자는 여러 교회를 다니면서 집회를 종종 합니다. 교회들이 강사를 섭외하면서 교사들이 비실비실하고 성령 충만하지 않은 분이 많으니 와서 불을 좀 질러 달라고 합니다. 교사들이 다운되는 것은 그 교회의 공 예배를 통해 은혜를 못 받는 경우가 많습니다. 여러분이 공 예배를 통해 많은 은혜를 공급받을 수 있기를 바랍니다. 그래야 영적으로 무장되어서 생명을 살릴 수 있는 것입니다. 말씀에 생명을 걸어야 합니다. 말씀에 인생을 걸어야 합니다. 그러면 여러분이 살아납니다. 그리고 그 말씀으로 10분이면 10분, 20분이면 20분, 결단하고, 똑바로 승부하면, 말씀을 통해서 하나님이 일하여 주십니다. 말씀은 능력입니다. 말씀은 예수님이십니다.

성경을 유산으로 물려줘야 합니다. 말씀을 붙잡게 해야 합니다. 어려운 시기에 특별히 말씀이 생각나게 해줘야 합니다. 어렸을 때부터 마땅히 행할 길을 가르치면 늙어도 그것을 떠나지 않는 축복의 역사가 있을 것입니다. 여러분을 통해서 우리 다음 세대가 견고하게 일어날 수 있기를 간절히 소원합니다.

"나는 선한 목자라 선한 목자는 양들을 위하여 목숨을 버리거니와 삯꾼은 목자가 아니요 양도 제 양이 아니라 이리가 오는 것을 보면 양을 버리고 달아나나니 이리가 양을 물어 가고 또 헤치느니라 달아나는 것은 그가 삯꾼인 까닭에 양을 돌보지 아니함이나 나는 선한 목자라 나는 내 양을 알고 양도 나를 아는 것이 아버지께서 나를 아시고 내가 아버지를 아는 것 같으니 나는 양을 위하여 목숨을 버리노라"(요 10:11-15).

목자가 누구입니까? "양들을 위하여 목숨을 버리거니와." 이런 사람이 목자입니다. 우리가 이 마음이 아니면 안 됩니다. 하나의 어떤 프로그램을 도입해서 교회가 되지 않습니다. 도리어 그것 때문에 교회의 질서가 무너집니다. 이벤트로 교회가 세워지는 것이 아닙니다. 아니, 교사가 목자의 마인드가 없는데, 교회가 살아나겠습니까?

목자에게는 양이 전부입니다. 양을 위해서 삽니다. 양들을 위하여 내가 목숨을 버리는 것입니다. 그런데 이 목자하고 아주 비슷한 사람이 있습니다. 똑같이 지팡이를 들고 있습니다. 그리고 양옆에 있습니다. 두건도 쓰고 있고 너무 비슷합니다. 그런데 가만히 보면 목자가 아닙니다. 성경은 이를 삯꾼이라 부릅니다. 여러분, 삯꾼은 삯을 받는 사람입니다. 아르바이트생, 시간제입니다. 그러므로 목자의 마인드와 삯꾼의 마인드가 같을 수 있을까요? 당연히 다릅니다. 위험한 일이 있으면 삯꾼은 양을 지키지 않고 도망갑니다. 왜냐하면, 삯꾼의 목적은 양이 아니고 돈이기 때문입니다. 완전히 다릅니다. 목자의 관심은 양이고, 삯꾼의 관심은 돈이기 때문에 위험한 일이 있으면 도망갑니다.

"나 힘들어 안 할래"라고 하는 교사가 있습니다. 힘들고 어려운 일에는 도망가고 박수받는 일에만 찾아다니는 삯꾼이 되어서는 안 됩니다. 필자는 우리가 목자의 마음을 갖고 살아간다면 다음 세대가 멋지게 세워질 줄로 믿습니다.

마음 자세가 중요합니다. 우리는 목자가 되어야 합니다. 목자는 토요일 황금 같은 시간도 나와서 일하고 물질도 투자해서 학생들을 섬깁니다. 희생 없이 수고 없이 될 수 없습니다.

필자는 떡볶이 사줄 때와 뷔페 데려갈 때 성령의 임하심이 다르다는 실제적인 이야기도 가끔 합니다.

여러분의 헌신과 수고가 헛되지 아니하고 주께서 정말 받으시고 그 열정과 기도와 학생들에게 보이지 않는 곳에서의 신실함이 학생들에게 흘러가는 줄로 믿습니다.

우리 기성세대가 다음 세대를 놓쳐버리면 안 됩니다. 정말 믿음의 유산을 그들에게 물려줘야 합니다. 우리 아이들이 멋지게 쓰임받는 시대가 와야 합니다. 영광의 세대, 거룩한 세대가 되고 온전히 세워지는 세대가 되어야 합니다. 한국교회 모두가 다음 세대를 일으켜 달라고 기도합시다.

다음세대를 살리는 교사

다음 세대를 위한 대안,
교사입니다

"그가 어떤 사람은 사도로, 어떤 사람은 선지자로, 어떤 사람은 복음 전하는 자로, 어떤 사람은 목사와 교사로 삼으셨으니 이는 성도를 온전하게 하여 봉사의 일을 하게 하며 그리스도의 몸을 세우려 하심이라"(엡 4:11-12).

하나님은 영원하신 분이십니다. 하나님은 알파와 오메가 되시고 처음과 나중 되시기에, 하나님은 우리 세대를 통해서만 영광을 받으시고 만족하실 분이 아니라, 하나님은 다음 세대를 통해서도 영광을 받으셔야 합니다. 하나님은 다음 세대에게 큰 관심이 있습니다. 애정이 있습니다. 사랑이 있습니다. 기대가 있습니다. 그래서 절대 다음 세대를 포기하지 않습니다.

그런데 여러분, 사탄도 다음 세대를 포기하지 않습니다. 사탄의 전략이 무엇일까요? "부부만 잘 믿어라. 교사만 잘 믿어라. 기성세대만 잘 믿어라. 애들은 공부해야 한다. 그냥 놔둬라."

여러분이 이 전략에 넘어가면 큰일 납니다. 믿음의 세대가 끊어지면 큰일 납니다. 우리 믿음의 선배가 땀 흘리고 수고하고 애쓰고 다음 세대에게 믿음의 바통을, 복음의 바통을 물려주지 않았습니

까?

　믿음의 선배들은 새벽 기도하고, 철야하고, 땀 흘리고, 금식하고, 순종하고 온 수고를 다 해서 다음 세대에게 열심히 달려와 이 믿음의 바통, 복음의 바통을 물려주었습니다. 그런데 우리가 이것을 떨구거나, 다음 세대에게 물려주지 않는다면 우리의 다음 세대가 믿음의 바통, 복음의 바통을 어떻게 붙잡을 수 있겠습니까?

　400m 계주를 한번 생각해 보십시오. 앞에 선 주자가 열심히 뛰어와서 다음 주자에게 바통을 물려주었다면, 이 주자는 또다시 열심히 뛰어서 다음 주자에게 넘겨주어야 합니다. 바통을 넘겨주지 않고 나만 받아서 가만히 있으면 안 됩니다. 기다리는 학생들이

있습니다. 기다리는 선수가 있습니다. 기다리는 영혼들이 있습니다. 교사들이여, 기성세대여, 지도자여, 나에게도 복음을, 나에게도 주의 사랑을 전해 달라고 외치는 다음 세대의 음성을 듣고 중단하지 않고 이어지는 역사가 있기를 간절히 원합니다.

많은 사람이 여호수아를 좋아합니다. 요단강을 건넜고, 여리고성을 무너뜨렸으며, 가나안을 정복하고, 일곱 족속을 내어 쫓았고, 땅 분배까지 했던 여호수아, 그러나 그 세대까지는 괜찮았지만, 그 후에 일어난 다른 세대는 어떻게 되었을까요?

"여호와를 알지 못하며 여호와께서 행하신 일도 알지 못한다"라고 말하고 있지 않습니까? 대가 끊어지면 안 됩니다. 계속 이어져야 합니다. 다음 세대가 너무너무 소중하기 때문에 다음 세대를 섬기고 지도하는 우리 사랑하는 기성세대, 부모세대, 교사들이 중요합니다.

미래는 다음 세대의 손에 달려 있습니다. 그런데 다음 세대는 우리의 손에 달려 있습니다. 우리가 어떤 사람이냐에 따라서, 우리를 통해서 다음 세대가 세워지는 아름다운 역사가 있게 되는 것입니다.

교사의 숫자와 학생의 숫자는 비례한다.

교사의 숫자와 학생의 숫자는 비례합니다. 다음 세대가 중요하기 때문에 교사가 있어야 합니다. 교사가 존재하지 않으면 다음 세대는 존재할 수가 없다는 말입니다.

10여 년 전 한국 기본적인 통계는 교사 1명당 5명 정도의 학생이 평균 숫자였습니다. 교사가 10명이면 학생들은 50명, 교사가 20명이면 학생들은 100명, 교사 곱하기 5명이 한국교회 평균 숫자였습니다. 대도시나 시골 교회를 제외하고 말입니다.

그런데 지금은 5명이 채 되지가 않습니다. 교사 곱하기 4명, 교사 곱하기 3명 정도 되는 현실 속에 있습니다. 교사가 10명이라도 학생들이 30~40명밖에 되지 않습니다.

이것은 무엇을 말할까요? 교사의 숫자와 학생의 숫자는 비례하는데 한 교사가 10명, 20명, 30명을 관리하는 일은 이 시대에는 거의 없습니다. 그러니 우리는 교사를 많이 세워야 합니다. 교사가 줄어든다는 것은 아이들이 줄어든다는 것을 의미하는 것입니다. 교사를 세워야 합니다. 그것도 많이 세워야 합니다. 그래야 그 교사를 통해서 1인당 3~4명의 다음 세대가 세워지는 은혜가 있다는 것을 우리는 기억해야 합니다.

이 시대 많은 직분 중에 교사는 영광스러운 직분이며 최고의 직분인 줄로 믿습니다. 한 번 생각해보십시오. 나 같은 사람을 구원해 주셨다니 이것만도 감사한 데, 내가 다음 세대를 섬길 수 있고, 살릴 수 있고, 또 그들을 세울 수 있는 교사의 직분을 하나님께서 맡기시다니, 이 얼마나 놀라운 감격입니까! 감사와 감격과 충성과 순종밖에 없다는 것을 고백하게 됩니다.

이 세상에서 제일 가치 있는 일은 영혼을 살리는 일입니다. 그리고 영혼을 세우는 일입니다.

이 교사의 직분에 하나님께서 마지막에 큰 상급을 주신다고 저는 확신합니다. 제가 담임 목회를 해보니까 목사들은 너무 이 땅에서 상급을 많이 받는 것 같습니다. "목사님, 수고하셨어요. 목사님, 정말 감사해요"라는 말을 많이 듣습니다. 그런데 교사들은 정말 보이지 않는 곳에서 시간을 투자하고 온몸으로 섬기는 귀한 분들임에도 때로는 이 땅에서는 상급이 없는 것처럼 보이기도 합니다. 그래서 더 가치 있는 일이라고 봅니다. 정말 주님께서 기뻐하시는 직분이라고 확신합니다. 영혼을 살리고 영혼을 세우는 그들의 미래 속에 하나님의 놀라운 상급이 더 크다는 것을 믿습니다. 사람은 알아주지 않아도, 사람은 외면한다고 할지라도, 하나님은 기억하시고 그들에게 놀라운 상급으로 위로해 주실 것입니다.

교사로 섬기는 사람과 그렇지 않은 사람의 신앙 성장은 누가 더 빠르고, 진전될까요? 당연히 교사로 섬기는 사람이 더 믿음의 성숙이 일어납니다. 왜냐하면, 교사는 학생들을 위해서 기도해야 합니다. 그리고 말씀을 준비하고 가르쳐야 합니다. 100% 섬겨야 합니다.

섬기면서 본인이 많이 성장하는 것을 알 수 있습니다. 교사들이 공 예배를 통해서 은혜를 누리고, 또 다음 세대 예배를 통해서 또 한 번 은혜를 누리니 사랑하는 교사들의 영적 성숙이 온전히 이루어지는 것입니다.

교사로 섬기게 되면 보람 있고, 가치가 있고, 또 삶의 큰 간증이 넘쳐나는 것을 체험하게 됩니다. 교사의 직분을 감당하다 보면 자신이 변화됩니다. 자신이 변화되는 것을 보고 깜짝깜짝 놀라게 되는 것입니다. 그리고 내가 가르치고, 내가 섬기는데, 그들이 주님을 만나는 것입니다. 그들이 세례를 받고 이젠 직분자가 되어서 몇 년 후에는 같이 교사를 하는 것입니다.

제가 가르쳤던 학생들이 믿음으로 잘 세워져 주의 일꾼으로 쓰임 받는 모습을 바라보면, 섬기는 사람의 보람과 감격을 느끼게 됩니다. 축복이 우리에게 있다는 사실들을 보게 된다는 것입니다.

하나님께서 여러분들을 세웠다는 이 놀라운 소명 의식을 갖고, 이 놀라운 사역을 믿음으로 감당할 수 있기를 간절히 원합니다. 감사함으로, 기쁨으로 감당하기를 바랍니다. 그러면 없었던 은사가 생겨나고 그 은사가 개발되어 큰 열매와 감격과 놀라운 기쁨의 충만한 은혜가 있을 줄로 믿습니다.

그러면 교사를 어떻게 세울 수 있을까요? 먼저 교회가 교사를 매년 배가로 세운다는 목표를 갖는 것입니다. 사람의 마음속에 있는 확신과 그 기쁨이 가득하면, 어떤 일이 너무 좋으면, 다른 사람에게 막 나눠주고 퍼트리고 싶지 않겠습니까? 내가 이 직분이 영광스럽다면, 이 놀라운 직분이 감격스럽다면, 옆 사람에게 말을 할수 있고 같이 하자고 도전하고 비전을 심어주게 되는 것입니다.

교사의 직분은 누가 세웁니까? 하나님이 세웁니다. 하지만 하나님께서 세우신다고 나는 가만히 있으면 안 됩니다. 나는 추천해야 합니다. 내가 이 사역을 해보니까 너무너무 귀한 사역이니까, 너무너무 영광스러운 직분이기 때문에 소개하는 것입니다.

여러분이 오늘부터 성도들의 명단을 쭉 보면서 기도하는 것입니다. "하나님, 누구와 함께 교사할까요?" 그러면 성령님께서 가르쳐 주십니다. 그 사람을 가슴에 품습니다. 그리고 기도하는 것입니다. 축복하는 것입니다. 한 달 동안 기도하고, 두 달 동안 기도하고, 석 달 동안 기도하면서, 나중에 그 사람을 목사님이나 부장님에게 추천하는 것입니다. 여러분들을 통해서 또 다른 사람들이 교사로 세워지는 역사가 있기를 간절히 소원합니다.

간혹 어떤 분들은 교사를 세우려고 하면 자기가 이 사람은 안되고, 저 사람도 안 되고, 이 사람은 바빠서 안 되고, 저 사람은 아파서 안 된다고 단정합니다. 그렇게 이 사람 자르고, 저 사람을 자르지 마십시오. 여러분들도 은혜로 하고 있습니다. 우리가 스스로 하는 것이 아니라 은혜로 하는 것이기 때문에 예수 믿는 사람이라면 모두 교사 후보생이라는 사실을 기억하고 그들을 두드리고 그들을 촉구할 수 있기를 간절히 바랍니다.

장로님도 교사를 할 수 있고, 권사님도 교사를 할 수 있고, 안수집사님도 교사를 할 수 있고, 집사님들, 청년들, 학생들조차도 다 교사를 할 수 있습니다. 정교사가 안 된다고 할지라도 그 공동체를 위해서 찬양으로, 악기로 함께 보조하며 섬길 수 있는 많은 사람이 세워질 수 있다면 우리의 다음 세대가 아름답게 세워지는 역사가 있을 줄 믿습니다.

꼭 기억하십시오. 하나님이 교사로 세운다는 사실 뿐만 아니라 내가 추천을 하는 것이 너무 중요합니다. 내가 1년 동안 교사의 직분을 감당하면서 단 한 사람도 다른 사람을 추천하지 못하고 세우지 못한다면, 우리가 그 놀라운 직분을 똑바로 감당하지 못한다는 것입니다. 내가 교사에 대한 영광스러운 자부심이 있고 감격이 있다면 당연히 소개하고 추천해서 많은 이들이 교사로 세워져 다음 세대를 위해서 헌신하도록 해야 합니다.

한번 소리 내서 읽어봅시다. "한 번 교사는 영원한 교사다." 1년 하다가 그만두고 2년 하다가 그만두는 거 말고, 정말 5년, 10년 계속해서 이 직분을 감당할 수 있기를 간절히 원합니다. 정말 영광스러운 직분이기 때문입니다.

필자가 수십 년 섬겼던 어린이전도협회는 전 세계 200개국 이상에서 사역하고 있습니다. 한국에도 한국본부와 55개 정도의 지회가 있습니다. 200개국 이상의 어린이 지도자들이 3년마다 한 번씩 전 세계에서 2천여 명 모여서 국제 콘퍼런스를 합니다. 필자도 한 번 참석하였는데 얼마나 큰 은혜가 되었는지 모릅니다. 똑같은 사역을 하는 사역자들을 보는 것만 해도 은혜가 되었습니다. 게다가 간증, 말씀, 세미나... 모든 시간이 은혜가 넘쳤습니다.

필자가 가장 큰 은혜를 받은 것은 집회가 끝나고 마지막 근속상 시상식이었습니다. 사회자가 나오더니 자기의 과거를 회상해보라고 말했습니다. 어린이들을 놓치지 않고 사역을 몇 년 했는지 생각해 보라고 말했습니다.

그리고 "43년째 사역하시는 분 나와 주세요"라고 했습니다. 여기저기 계속 사람들이 앞으로 나가기 시작했습니다. 사람들이 손뼉을 치고 휘파람을 불고 열렬히 축하했습니다. 그다음 42년, 40년, 이렇게 부를 줄 알았습니다. 그런데 그 위로 부르기 시작하는 것입니다. 44년, 47년, 51년... 계속 있는 것입니다. 마지막으로 63년을 부르는데 백발의 할머니가 나왔습니다. 지금도 잊을 수 없습니다. 나이가 63세가 아니고 63년째 어린이들을 전도하고 양육하고 있는 백발의 미국 할머니... 이것이 다음 세대를 살리는 비결입니다. 한 번 교사는 영원한 교사입니다.

63년 된 할머니 교사를 바라보면서 얼마나 은혜가 되는지, 많은 사람이 다 소리 지르고 손뼉을 치는데 필자는 그 자리에서 무릎을 꿇고 주체할 수 없는 눈물을 흘리며 감사와 결단을 하였습니다.

우리가 모두 이 직분을 존귀하게, 영광스럽게 여기고, 상급이 반드시 있다는 것을 기억해야 합니다. 하나님이 세우지만, 여러분이 이 놀라운 영광스러운 직분을 다른 사람에게 추천할 때 여러분을 통해서 교사들이 많이 세워지는 역사가 있기를 간절히 소원합니다.

교사의 성숙과 학생의 성숙은 비례한다.

훌륭한 교사는 태어나는 것이 아니라 훈련으로 만들어지는 것입니다. 우리가 어느 정도의 수준이고 어느 정도 성숙한 가에 따라 우리 학생들의 수준과 성숙도 같이 비례 되는 것입니다. 교사가 은혜가 떨어지고 영성이 떨어지면 이 일이 하기 싫어집니다. 교사 직분을 그만두게 되고 매너리즘에 빠지게 됩니다. 형식적으로, 기계적으로 할 수밖에 없습니다. 우리가 성숙의 길로 나갈 때 우리를 통해서 다음 세대가 더 크게 성숙되는 역사가 나타나는 것입니다.

그럼 어떻게 하면 교사들이 성숙할 수 있으며 다음 세대를 성숙시킬 수가 있을까요? 그것은 바로 교사들이 먼저 은혜를 경험하는 것입니다. 필자는 여러분들이 공 예배에서 철저하게 은혜를 누릴 수 있기를 간절히 바랍니다. 교사들이 공 예배 빠지면 안 됩니다. 자기 교회 담임목사님을 통해서, 예배를 통해서 성령 충만을 받고 은혜를 최고로 많이 받아야 그 능력으로, 그 영성으로 다음 세대를 살리게 되는 것입니다.

필자는 여러분들이 교회에서 진행하는 제자훈련, 성경 공부를 잘 감당해서 여러분의 성숙이 다음 세대에게 흘러가기를 바랍니다. 은혜가 떨어지면 그 사역을 감당할 수가 없습니다.

교사는 첫째, 영적 권위가 있어야 합니다. 두 번째는 지적 권위가 있어야 합니다. 세 번째는 인격적인 권위가 있어야 합니다.

교사의 영적 권위는 어떻게 있을 수 있을까요? 영적인 권위는 많은 사람이 선생님을 보면서 '하나님께서 선생님과 함께하시는구나. 하나님께서 저분을 사용하고 계시구나. 주님께서 붙들어 주시는구나'라고 느낄 때 세워지는 것입니다. 여러분의 학생들이 여러분을 바라보면서 "하나님께서 선생님과 함께 계신다는 사실을 제가 볼 수 있어요"라고 하는 말을 들어보신 적이 있습니까? 하나님이 나와 함께하는 이 영적인 권위가 세워질 때 여러분들은 교사의 직분을 온전히 감당하고 있는 것입니다.

지적인 권위가 세워져야 합니다. 성경을 통독하고, 큐티를 하고, 말씀을 연구하고, 훈련을 통해 지적 권위가 세워지기를 간절히 바랍니다.

그다음에 인격적인 권위가 세워져야 합니다. 인격적인 권위는 학생들 앞에서만 잘하는 척해서 세워지지 않습니다. 학생들이 보지 않는 데서도 우리가 똑바른 말, 올바른 태도를 가질 때 세워지는 것입니다. 평상시 주님을 사랑하고 경외하고 감사하는 모습이 있을 때 학생들 앞에 서면 그 은혜가 흘러가는 것입니다. 학생들 앞에서 우리가 "사랑해. 사랑해"라고 말로만 하고 똑바로 못 산다면 우리의 인격적인 권위가 세워질 수가 없습니다.

우리가 모범적이고 아름다운 신앙생활을 잘할 때, 우리의 아름다운 말과 섬김을 통해서 다음 세대에게 영향력이 흘러갈 줄로 믿습니다. 인격적인 권위가 잘 세워져서 학생들에게 존경받는 교사가 될 수 있기를 간절히 소원합니다. 영적인 권위, 지적인 권위, 인격적인 권위가 세워지는 놀라운 역사가 있기를 바랍니다.

힘들고 어려워도 다음 세대를 살리는 것은 선택이 아닙니다. 이것은 필수입니다. 그래서 힘들어도 이 일은 계속해야 하는 것입니다. 이제 한국교회의 다음 세대를 살릴 골든 타임이 얼마 남지 않았습니다. 혹자는 5년, 10년 남았다고 하고, 이미 끝났다고 하는 사람도 있습니다.

우리 앞에 놓인 이 다음 세대를 놓치지 말고 최선을 다해 교사를 세우고, 교사를 하고, 그리고 잘 훈련되고 성숙하여서 우리를 통해서 더 많은 다음 세대가 세워지고 살아가는 놀라운 역사가 있기를 간절히 소원합니다.

다시 한번 두 가지를 기억합시다. "교사의 숫자와 학생의 숫자는 비례한다." 두 번째 포인트, "교사의 성숙과 학생의 성숙은 비례한다."

다음
세대를
살리는
교사

03

다음 세대와
눈물

자녀를 위한 고생은 고생이 아닌 것이 사랑하는 자녀이기 때문입니다.
우리가 서로서로 이렇게 돌보아 축복한다면 우리의 공동체가 얼마나
아름답겠습니까! 아이가 아프면 부모 마음이 더 아프고, 아이가 기쁘면
부모의 마음이 더 기쁘고 행복한 것이
바로 부모의 마음입니다.

CHAPTER
03

다음 세대와
눈물

다음 세대를 위한 대안,
사랑입니다

"우리는 그리스도의 사도로서 마땅히 권위를 주장할 수 있으나 도리어 너희 가운데서 유순한 자가 되어 유모가 자기 자녀를 기름과 같이 하였으니 우리가 이같이 너희를 사모하여 하나님의 복음뿐 아니라 우리의 목숨까지도 너희에게 주기를 기뻐함은 너희가 우리의 사랑하는 자 됨이라 형제들아 우리의 수고와 애쓴 것을 너희가 기억하리니 너희 아무에게도 폐를 끼치지 아니하려고 밤낮으로 일하면서 너희에게 하나님의 복음을 전하였노라 우리가 너희 믿는 자들을 향하여 어떻게 거룩하고 옳고 흠 없이 행하였는지에 대하여 너희가 증인이요 하나님도 그러하시도다 너희도 아는 바와 같이 우리가 너희 각 사람에게 아버지가 자기 자녀에게 하듯 권면하고 위로하고 경계하노니 이는 너희를 부르사 자기 나라와 영광에 이르게 하시는 하나님께 합당히 행하게 하려 함이라"(살전 2:7-12).

우리가 오늘 이 은혜의 자리에 올 수 있었던 것은 하나님의 은혜와 많은 사람의 기도와 섬김과 배려와 축복이 있어서입니다. 많은 사람의 보살핌과 돌봄이 없이는 우리가 여기까지 올 수가 없었을 것입니다. 마찬가지로 우리도 또 다른 사람들을 섬길 때, 다른 사람들을 축복하고 배려하고 격려하고 기도하고 인도할 때, 우리를 통해서 많은 사람이 세워지는 놀라운 축복이 있을 것입니다.

본문은 우리가 주의 몸 된 교회를 어떻게 섬겨나갈 것인가? 우리 주위에 있는 많은 성도를 어떻게 섬겨 나가야 할 것인가? 특별히 우리의 자녀세대, 우리의 다음 세대를 어떻게 하면 저들이 하나님의 사람으로 잘 세워질 수 있는가에 대한 말씀입니다.

그것은 어떤 방법이나 프로그램이나 재정이나 건물의 문제가 아니라 사람이 중요합니다. 무엇을 가르치느냐보다 더 중요한 것은 어떻게 가르치느냐입니다. 어떻게 가르치느냐보다 더 중요한 것은 누가 가르치느냐입니다. 어떤 사람이 어떤 태도와 어떤 마음으로 가르치느냐가 중요합니다.

우리가 살아나면 주위에 있는 사람들도 살아납니다. 우리가 은혜를 받지 못하고 성령 충만하지 못하면 우리 주위에 있는 많은 사람이 망가지는 일들이 일어납니다.

특별히 담임 목사뿐만 아니라 교회의 리더들이, 온 성도가 이 말씀대로 살아갈 수만 있다면 우리에게 속해있는 아름다운 공동체가 주님 앞에 세워지는 놀라운 역사가 나타날 줄로 믿습니다.

어떤 자세로 우리가 성도들을 섬겨야 할지, 본문 7절 말씀은 이렇게 말씀하고 있습니다.

"우리는 그리스도의 사도로서 마땅히 권위를 주장할 수 있으나 도리어 너희 가운데서 유순한 자가 되어 유모가 자기 자녀를 기름과 같이 하였으니"(살전 2:7).

사도바울은 주님이 선택하신 하나님의 사람입니다. 주의 복음의 일꾼입니다. 실라, 디모데, 다 마찬가지입니다. 그러므로 자기의 권위를 마땅히 주장할 수 있으나 주장하지 않고 도리어 유순한 자가 되어 유모가 자기 자녀를 기름과 같이 섬기는 리더십을 가졌다는 것입니다. "나는 사도이기 때문에 너희들이 나의 모든 경제를 책임져야 해!"라고 말할 수도 있었습니다. 하지만 그렇게 말하지 않고 섬김의 리더십을 감당했던 것을 볼 수 있습니다.

"주께서 이르시되 가라 이 사람은 내 이름을 이방인과 임금들과 이스라엘 자손들에게 전하기 위하여 택한 나의 그릇이라"(행 9:15).

사도바울이 예수 믿는 사람을 핍박하는 중에 하나님께서 다메섹 도상에서 사도바울을 만나주셨습니다. 그리고 아나니아라는 제자에게 나타나서 명령합니다. "아나니아야, 사울에게 가라! 축복해라!" "갈 수 없습니다. 나쁜 사람에게 제가 어떻게 갑니까?" "가라 그 사람은 내가 택한 백성이야. 내가 택한 그릇이야. 이방인과 임금들과 이스라엘 자손들에게 내 이름을 전하기 위한 택한 내 그릇이야."

주께서 사도바울을 만나주시고, 사명을 주신 것을 보게 됩니다.

"베드로에게 역사하사 그를 할례자의 사도로 삼으신 이가 또한 내게 역사하사 나를 이방인의 사도로 삼으셨느니라"(갈 2:8).

베드로는 유대인의 사도로 세우시고 사도바울은 이방인의 사도로 세운 사실을 사도바울이 알고 있습니다. 본인이 사도라는 것입니다. 얼마든지 지식의 권위, 재정적인 권위, 모든 것을 다 요구할 수 있습니다. 그렇지만 데살로니가 교회는 3주 동안 복음을 전하고 나온 교회입니다. 약하고 작은 교회입니다. 한 사람도 시험들지 않게 하기 위해서 그들에게 권위를 내세우지 않고 아이를 섬기듯이, 자녀를 돌보듯이, 유모 같은 아름다운 리더십을 사도바울이 말하고 있습니다. 그들에게 부담을 주지 않고, 폐를 끼치지 않고, 힘이 되어주고자 말입니다.

여러분들도 많은 사람에게 폐를 끼치지 말고 힘이 되어주는 아름다운 인생으로 살아가기를 축복합니다. 군림하는 리더십이 아니라 섬기는 리더십, 얼마나 아름답습니까!

"물론 우리는 그리스도의 사도로서 권위를 주장할 수도 있었습니다. 그러나 우리는 여러분 가운데서 마치 어머니가 자기 자녀를 돌보듯이 유순하게 처신하였습니다"(살전 2:7, 새번역).

개역개정에서 '유모'라고 한 것을 새번역 성경에서는 '어머니'로 표현하였습니다. 담임목사에게, 장로들에게, 목자들에게, 또 모든 우리의 리더십에게 이 어머니 같은 유순한 리더십이 부어진다면 우리 주위에 있는 사람들은 얼마나 행복하겠습니까!

때로는 아이이기 때문에 고집을 부리고 말도 잘 안 들을 때도 있지만, 참고 또 참고 배려하고 축복하고 부드럽게 축복해서 그가 아름다운 사람으로 세워질 수 있도록 배려하는 것 또한 우리에게 필요한 것입니다.

생각해 보십시오. 아이에게 축복을 많이 하면 "오, 어머니 감사합니다!"라고 말할까요? 그렇지 않습니다. 금방 대소변을 가리고 금방 기저귀를 갈아두었는데 또 싸면 마음이 아플 수 있지만 그래도 불평하지 않고 또 갈아주고 또 갈아줍니다. 지금은 아이이지만 아이가 점점 장성하고 커지면 스스로 할 수 있고 하나님의 사람으로 세워지면, 부모 이상으로 더 쓰임 받을 수 있는 놀라운 역사를 기대하면서, 배려하고 축복하는 아름다운 리더십이 우리 가운데 있기를 간절히 원합니다.

필자는 이런 생각을 해봤습니다. 어미가 자녀에게 젖을 준다는 것은 생명을 주는 것입니다. 그래서 어미가 만약에 나쁜 것을 보고 나쁜 것을 듣고 나쁜 것을 접하면 나를 만나는 많은 아이와 사람들에게는 악영향이 흘러갈 것입니다. 그러니까 아이에게 할 수 있는 최고의 축복은 부모가 행복한 것입니다. 부모가 건강해야 합니다. 우리가 좋은 것을 보고, 좋은 것을 듣고, 좋은 것을 접하고 좋은 것을 느끼면 우리를 통해서 우리의 아이가 행복할 수 있는 놀라운 축복이 있지 않겠습니까!

내가 살면 가족이 삽니다. 내가 살면 우리의 공동체가 삽니다.

내가 망가지면 나를 만나는 많은 사람이 악영향을 받습니다. 좋은 것을 받지 못합니다. 내가 먼저 주님 앞에 바로 서는 은혜가 있어야 할 것입니다.

왜 유모로 표현했습니까? 데살로니가 교회가 지금 어린아이 같다는 것입니다. 거주한 것은 몇 달 됐겠지만 복음을 전한지는 3주밖에 안 됐는데, 이제 갓 태어난 아기를 아름답고 견고하게 세우고자 하는 유모 같은, 어머니 같은 아름다운 모습을 말하고 있는 것입니다.

어머니의 특징은 무엇입니까? '어머니'하면 어떤 이미지가 떠오릅니까? 사랑, 희생, 축복, 기다림, 배려...

"우리가 이같이 너희를 사모하여 하나님의 복음뿐 아니라 우리의 목숨까지도 너희에게 주기를 기뻐함은 너희가 우리의 사랑하는 자 됨이라"(살전 2:8).

모든 문제의 해결은 사랑입니다. 어머니의 사랑입니다. 이 사랑은 어떤 명사나 형용사가 아니라 동사로서, 정말 우리의 삶 가운데 실제로 섬겨가는 섬김이 사랑의 모습으로 드러나는 것입니다. 우리가 자기의 이익을 위해서만 살아간다면 어떻게 사랑을 실천하며 그들을 세울 수가 있겠습니까? 자기중심적으로 하는 것이 아니라 그들을 배려할 수 있고, 축복할 수 있는 사랑의 마음이 가득해야 합니다. 의무감이 아니라 기쁨으로 섬기고 또 섬겨야 합니다. 그런데도 사랑하니까 너무 좋은 것입니다.

자녀를 위한 고생은 고생이 아닌 것이 사랑하는 자녀이기 때문입니다. 우리가 서로서로 이렇게 돌보아 축복한다면 우리의 공동체가 얼마나 아름답겠습니까! 아이가 아프면 부모 마음이 더 아프고, 아이가 기쁘면 부모의 마음이 더 기쁘고 행복한 것이 바로 부모의 마음입니다.

여러분은 어느 때 가장 행복하십니까? 우리 주위 사람들이 세워지고 쓰임 받을 때 여러분 행복하지 않습니까? 경쟁의 구도가 아니라 많은 사람이 세워질 수 있다면 더 기뻐할 수 있는 마음이 바로 어미 같은 리더십이 아니겠습니까?

찬송가 579장의 1절 가사처럼 말입니다. "어머니의 넓은 사랑 귀하고도 귀하다 그 사랑이 언제든지 나를 감싸 줍니다. 내가 울 때 어머니는 주께 기도드리고 내가 기뻐 웃을 때에 찬송 부르십니다."

어머니의 마음으로 풍성해질 수 있기를 축복합니다. 하늘의 영광을 버리시고 그의 권위를 내세우지 않으시고 낮고 천한 이 땅에 오셔서 십자가를 지시고 죽기까지 순종하시고 우리를 살리시고 우리를 세우시고 하나님의 사람으로 마음껏 쓰임 받을 수 있도록 축복하시고 배려하시는 주님의 사랑을 우리가 입었습니다.

내가 먼저 주님을 사랑하기 전에 주님이 먼저 우리를 사랑하셨고, 그 사랑은 조건 없는 사랑이며 영원한 사랑이며 축복하는 어머니의 사랑입니다. 우리가 모두 그 마음으로 영혼들을 섬긴다면, 공동체를 섬겨 나간다면, 우리의 공동체는 얼마나 아름다울까요? 의무적으로 감당하는 것 말고 귀찮아서 억지로 하는 것 말고 기쁨으로 감당할 수 있는...

우리가 많이 부르는 찬양 중에 이런 찬양이 있습니다.

"우리에겐 소원이 하나 있네.
주님 다시 오실 그 날까지 우리 가슴에 새긴
주의 십자가 사랑 나의 교회를 사랑케 하네.
주의 교회를 향한 우리 마음 희생과 포기와 가난과 고난,
하물며 죽음조차 우릴 막을 수 없네.
우리 교회는 이 땅의 희망.
교회를 교회 되게 예배를 예배 되게 우릴 사용하소서.
진정한 부흥의 날 오늘 임하도록 우릴 사용하소서.
성령 안에 예배하리라.
자유의 마음으로 사랑으로 사역하리라.
교회는 생명이니."

우리 예배가 성령충만한 예배가 되기를 축복합니다. 억지로가 아니라 자유의 마음으로, 기쁨으로 충만하기를 바랍니다. 사역은 '사랑으로 사역하리라'는 마음, 성령의 마음, 자유의 마음, 사랑의 마음이 가득 차면서 함께 섬길 때 우리의 공동체가 사는 역사가 나타날 줄로 믿습니다.

"형제들아 우리의 수고와 애쓴 것을 너희가 기억하리니 너희 아무에게도 폐를 끼치지 아니하려고 밤낮으로 일하면서 너희에게 하나님의 복음을 전하였노라"(살전 2:9).

사랑의 표현은 바로 수고입니다. 사도바울은 갓 태어난 데살로니가 교회에 폐를 끼치지 않도록 그들을 축복하고 배려합니다. 반대로 빌립보 교회 같은 경우에는 당당하게 요구한 것도 볼 수 있습니다. 그래서 밤에는 일하고 텐트를 깁고, 낮에는 복음을 전했습니다. 폐를 끼치지 않도록, 짐이 되지 않도록 축복이 되고자 애쓰는 수고가 얼마나 아름답습니까! 한 사람도 시험 들지 않기를 원하여서 모범을 보였던 사도바울의 모습을 볼 수 있습니다.

우리가 정말 어미 같은 사랑의 리더십이 있다면 그것은 수고와 애씀으로 나타나야 할 것입니다. 우리가 이 아름다운 시간에 이렇게 예배할 수 있는 것은 누군가 우리를 위해서 수고하고 애쓰는 사람들이 있었기 때문입니다. 아픔이 왜 없고 어려운 일이 왜 없겠습니까? 하지만 내가 먼저 앞장서서 수고하고 애쓸 수 있는 사람, 그 사람을 통해서 우리 공동체를 통해서 사는 것입니다. 내가 어려운 일을 안 하고 쉬운 일만 골라 하면 누군가 더 아프고 힘든 일을 해야 할 것이라는 마음이 사도바울에게 있었습니다.

"나의 자녀들아 너희 속에 그리스도의 형상을 이루기까지 다시 너희를 위하여 해산하는 수고를 하노니"(갈 4:19).

사도바울은 "나는 너희들이 주님을 만날 수만 있다면, 주님 앞에 세워질 수 있다면, 성숙할 수 있다면, 온전케 될 수 있다면, 나의 수고는 수고가 아니다"라고 하는 것입니다. "다시 해산하는 고통을 나는 감당하기를 원한다"라고 말하는 것입니다.

이런 사람들이 많은 공동체가 건강한 공동체입니다. 구경꾼이 없고 함께 기쁨으로 성령 안에서 자유함으로 섬겨나가는 이 수고와 애씀의 리더십이 우리 가운데 있기를 간절히 원합니다.

어미는 자녀에게 수고한 것을 기록하지 않습니다. "내가 너에게 어릴 때부터 지금까지 베푼 기저귀, 숙식비, 학원비가 얼마인지 아니?" 이런 것을 기억하는 어머니는 없습니다. 사랑하는 자녀이기 때문입니다.

필자는 여러분들이 주님을 만나고 본문 속에서 나타난 하나님의 음성이 무엇인지 알아서 온전히 세워지기를 바랍니다. 필자와 여러분들의 수고가 헛되지 않고 주께서 받으시고 사랑하는 자녀들과 사랑하는 많은 성도들을 견고하게 세울 수 있는 역사가 있을 줄 믿습니다.

말로 수고한 것이 아니라 삶으로, 섬김으로 수고할 수 있는 사람, 이 어미 같은 섬김의 리더십에 관해 이렇게 말씀하고 있습니다.

"우리가 이같이 너희를 사모하여 하나님의 복음뿐 아니라... 너희에게 하나님의 복음을 전하였노라"(살전 2:8-9).

영혼들을 사랑한다면 진짜 좋은 것을 주지 않겠습니까? 바로 복음입니다. 여러분이 자녀들을 진짜 사랑한다면, 여러분이 형제를 정말 사랑한다면, 정말 이웃을 사랑한다면 진짜 좋은 것, 주님을 전해야 합니다.

복음 없이는 살 수 없습니다. 복음 없이 구원을 받을 수 없습니다. 그래서 사도바울은 데살로니가 교회에서 복음을 전합니다. 말씀을 전합니다. 주님을 만날 수 있도록, 청중들이 주님을 만날 수 있도록 말입니다.

복음이 빠진 사랑은 기독교가 아닙니다. 사랑 빠진 복음, 이것도 너무 권위적이고 딱딱하고 교리적이어서 이것은 사랑의 생명을 주기가 어렵습니다. 복음과 사랑으로 영혼들을 섬길 때 마음 문을 열고 복음을 받아들이는 역사가 나타나고, 생명의 역사, 성장의 역사, 변화의 역사가 나타날 줄로 믿습니다.

가족 친지들을 만났을 때 사랑으로, 복음으로 섬겨야 합니다. 우리는 모두 주님을 만나야 합니다. 우리의 희망은 주님입니다. 인생에 어떤 것보다도 예수님을 만나야 구원을 받을 수 있다는 이 놀라운 진리의 복음의 메시지를 우리가 함께 나눌 수 있는 담대한 대장부가 되기를 간절히 원합니다. 사도바울은 데살로니가전서 2장 10절 말씀을 보면 이런 태도로 섬깁니다.

"우리가 너희 믿는 자들을 향하여 어떻게 거룩하고 옳고 흠 없이 행하였는지에 대하여 너희가 증인이요 하나님도 그러하시도다"(살전 2:10).

내가 어떤 자세로 복음을 전했는지 하나님이 아신다는 것입니다. 내가 얼마나 진실하게 옳고 거룩하고 경건하게 전하는 것을 너희들도 알고 있지 않냐고 말합니다. 내가 거짓을 말하는 것이 아니라 내가 순수하게 전했다고 말합니다. 무슨 탈을 쓰고가 아니라, 이상한 거 하려고 하는 것이 아니라, 내가 정말 거룩한 삶으로, 그리고 옳은 모습으로 흠 없는 모습으로 살아갔다고 말하고 있는 것입니다.

필자와 여러분들이 말씀을 전하는데 큰 변화가 없는 이유는 바로 우리가 말씀 앞에서 먼저 본을 보이지 못했기 때문에, 우리의 말이 울리는 꽹과리가 되어서 능력도 없고 역사도 없고 변화도 없는 것이 아닌지 확인해 보아야 합니다.

필자가 이 본문의 말씀을 계속 묵상하고 말씀 속에서 보화를 캐내고 찾아서 여러분에게 전합니다. 그리고 이 말씀이 필자에게 먼저 은혜가 되고 도전이 되고 감동이 될 때, 필자도 결단하고 이 말씀대로 살아가는 모습이 있을 때 이 메시지가 힘있게 우리 모두에게 축복이 될 줄로 믿습니다.

부모가 교회에 와서는 직분자로 정말 아름다운 모습을 보이는데, 집에 가면 자녀들에게 엉뚱한 말을 하고 이상한 가치로 말을 한다면 자녀들이 얼마나 헷갈리겠습니까? 세상의 가치가 아니라 성경적인 가치관으로 우리가 하나님 앞에 코람데오 신앙으로 주님과 동행하고 언제나 어디서나 내 생각과 내 입술과 삶의 모든 부분에서 주님이 원하시는 옳은 모습으로, 경건한 모습으로, 바른 모습으로 살아갈 수 있는 우리가 될 수 있기를 간절히 원합니다.

"너희 중에 있는 하나님의 양 무리를 치되 억지로 하지 말고 하나님의 뜻을 따라 자원함으로 하며 더러운 이득을 위하여 하지 말고 기꺼이 하며 맡은 자들에게 주장하는 자세를 하지 말고 양 무리의 본이 되라"(벧전 5:2-3).

우리 말의 권위는 우리가 좋은 본을 보일 때 가능합니다. 우리가 어떻게 행하는지, 어떻게 기도하고, 어떻게 사역하는지 새 가족들이, 성도들이 다 보고 있습니다. '정말 난 저분처럼 주님을 섬기고 싶어'라고 생각하도록 본을 보여야 합니다. 우리가 먼저 옳게 경건하고 거룩하고 흠이 없게 그렇게 주님 앞에 십자가를 붙들고 살아갈 때 우리를 통해서 하나님의 은혜가 흘러갈 줄로 믿습니다.

"너희도 아는 바와 같이 우리가 너희 각 사람에게 아버지가 자기 자녀에게 하듯 권면하고 위로하고 경계하노니"(살전 2:11).

짧은 시간이지만 사도바울은 아버지가 자녀에게 하듯 권면하고 위로하고 경계함으로 섬겼다고 말하고 있습니다. 어머니라는 좋은 이미지를 말하는 것입니다.

아버지의 좋은 이미지. 당시에는 자녀교육을 아버지가 책임을 졌습니다.

"또 아비들아 너희 자녀를 노엽게 하지 말고 오직 주의 교훈과

훈계로 양육하라"(엡 6:4).

그래서 아버지가 책임을 다하는 것입니다. 권면하고 바른 진리를 가르치는 것입니다. 반복해서 또 가르치는 것입니다. 하나님의 사람으로 세우기까지 반드시 마땅히 행할 길을 아는 진리를 계속해서 가르치고, 주님을 닮아갈 수 있도록 또 권면하고 또 권면합니다.

자녀를 지지해 주고 응원해 주고 위로해 주고 격려해 주고 붙잡아 주고 축복해 주고 힘을 내라고 응원하는 사람, 지지하는 사람, 위로하는 사람이 아버지입니다.

또한, 경계한다고 말합니다. 경고한다는 것입니다. 왜냐하면, 아이가 잘못되는데도 불구하고 구경하고 가만히 앉아있는 사람은 아저씨입니다. 아버지의 마음을 가지고 자녀를 사랑하니까 때로는 야단도 칠 수 있지만 그 야단은 나쁜 화나 분노나 멸망이나 망하는 화가 아니라 의분입니다. 사랑으로 축복하는 이런 아름다운 모습이 아버지에게 있어야 한다는 것입니다. "매를 아끼는 자는 그의 자식을 미워함이니 자식을 사랑하는 자는 근실이 징계하느니라"(잠 13:24)고 하였습니다.

우리가 이 땅에 살아가는 동안에 주님이 우리를 징계하실 때가 있습니다. 너무나 감사한 일입니다. 징계가 없으면 사생아입니다. 징계가 없으면 우리는 타락합니다. 교만합니다. 나태합니다. 주님을 의지하지 않습니다. 하지만 우리 가운데 고난이 있다는 것은 축복입니다. 나 자신의 연약함을 인정할 수 있고, 주님을 붙잡을 수 있고, 나의 한계를 인정할 수 있기 때문입니다.

하나님께 감사할 수 있고 주님을 찾을 수 있고 하나님을 의지할 수 있는 것은 다 징계 때문에 나오는 것입니다. 징계가 없이 형통하기만 한 것은 저주입니다. 형통하기만 한 사람은 주님 앞에 감사하기가 어렵습니다. 형통이 저주는 아니지만 우리에게 징계가 있다는 것은 축복입니다. 형통에서 줄 수 없는 보석 같은 은혜가 고난을 통해 주어집니다.

하나님의 말씀을 들을 때 살았고 운동력이 있고 감동 있는 성경 말씀이 우리에게 교훈을 주고 책망을 주며 올바르게 살도록 결단할 수 있게 촉구하는 것이 얼마나 아름답습니까? 이 땅에 우리가 예배자로 설 뿐만 아니라 사명자로 어떻게 서야 하는지를 말씀을 통해서 받아야 합니다.

본문의 말씀은 우리에게 위로가 되고 격려가 되고 평강이 됩니다. 하지만 우리가 어떻게 살아야 하는지, 어떻게 섬겨야 하는지, 우리 가정에서 자녀들과 함께 우리가 이웃을 어떻게 섬겨야 하는지, 세상 일터에서 어떻게 섬겨야 하는지 성경에 나와 있는 대로 아버지의 마음으로 순종하고 나가라고 말합니다.

어미의 마음을 갖고, 아비의 마음을 갖고, 방종하지 않도록 타락하지 않도록 붙잡아주고 세워주고 격려해 주어야 합니다. 남몰래 자녀가 방탕할 때 눈물로 기도하는 부모, 내 힘으로 할 수 없음을 고백하고 주님을 의지하여 기도하는 아비가 되어야 합니다.

"그리스도 안에서 일만 스승이 있으되 아버지는 많지 아니하니 그리스도 예수 안에서 내가 복음으로써 너희를 낳았음이라"(고전 4:14-15).

사도바울이 너희는 나의 영적인 자녀라고 말합니다. 내가 너희의 영적 아비라고 말합니다. 그냥 일만 스승 가운데 한 사람이 아니라 아버지의 심정을 갖고 사랑하는 형제를 사랑하고 성도들을 축복할 수 있는 이 아름다운 아비의 마음, 어미의 마음입니다.

성도들이 기뻐하는 모습을 보면 리더들이 기뻐하고, 그들의 안타까운 모습을 보면 정말 가슴 아파하면서 함께 주의 은혜를 구하면서 간구할 줄 아는 리더들이 되어야 합니다. 예수님은 사랑해 주시고 축복해 주셨지만 때로는 채찍을 드시면서 회개를 촉구하며 천국이 가까이 왔음을 선포하셨습니다.
십자가를 지고 나를 따라오라고 하신 주의 음성을 우리가 들어야 합니다. 돌이키기를 원하시는 주님, 바로 세워지기를 원하시는 주님을 기억해야 합니다. 우리가 지옥 길로 가는 것을 구경만 하지 않기를 원하십니다. 계속해서 선지자를 보내시고 교회를 세우시고 계속해서 말씀하시고 은혜를 주시는 주님 앞에 우리가 돌아와야 합니다. 우리가 바르게 세워지고 곧게 자라가며 바른길을 걸어가기를 주님은 원하십니다.

왜 우리가 아비처럼, 어미처럼 축복해야 할까요? 왜 사랑해야 할까요? 왜 인내하며 축복해야 할까요?

"이는 너희를 부르사 자기 나라와 영광에 이르게 하시는 하나님께 합당히 행하게 하려 함이라" (살전 2:12).

필자의 소원이 하나 있다면, 여러분들이 하나님의 나라에 다 들어가는 것입니다. 영광스러운 주님을 체험하고 경험하는 것입니다. 더 나아가서 하나님께서 부르신 위치에서 합당하게 행하기를 바랍니다.

부모는 자녀가 더 잘 되기를 바라서 기도하고 애쓰고 수고하고 투자하고 축복하기를 계속합니다. 자녀가 바르게 세워질 수만 있다면, 그게 부모의 기쁨입니다.

"이는 성도를 온전하게 하여 봉사의 일을 하게 하며 그리스도의 몸을 세우려 하심이라 우리가 다 하나님의 아들을 믿는 것과 아는 일에 하나가 되어 온전한 사람을 이루어 그리스도의 장성한 분량이 충만한 데까지 이르리니"(엡 4:12-13).

우리를 세워주신 목적이 무엇입니까? 교사로, 리더로, 직분자로 세워주신 이유가 무엇입니까? 그것은 바로 성도를 온전하게 성숙하게 주님 보시기에 검증된 자로 합격한 자로 쓰시기에 아름다운 자로 세우기 위해서입니다. 그래서 마음껏 기쁨으로 성령 안에서 자유함으로 봉사하는 것입니다. 성도들이 그리스도의 장성한 분량에 충만한 데까지 이를 수 있도록 우리의 신앙과 인격과 태도와 삶을 다하여 돕는 것입니다.

가만히 생각해보십시오. 주님이 우리를 사랑하셨습니다. 십자가를 통해서 우리를 사랑해 주셨습니다. 그래서 우리도 정말 이웃을 사랑하고 축복하기 원한다면 주님의 성품에 참여해야 합니다. 주님의 사랑을 갚을 길이 없지만 내가 정말 사랑하고 축복하고 섬겨나갈 때, 하나님의 사랑의 빚을 조금씩 갚아나가는 것입니다.

우리에게 주시는 마음, 이 아버지의 마음, 이 어머니의 마음, 유순한 마음, 희생적인 사랑의 마음을 가져야 합니다. 하나님의 사람으로 세워지도록 아버지처럼 권면할 줄 알고, 위로해 줄줄 아는 아버지, 더 나아가 경계할 수 있도록 돕는 사람이 되어야 합니다.

　이 마음으로 가정과 일터와 직장과 현장에서 섬겨나갈 때 우리가 있는 공동체가 아름다운 공동체가 될 수 있기를 주 예수 그리스도의 이름으로 간절히 축원합니다.

다음 세대를 위한 대안, 만지심입니다

"사람들이 예수께서 만져 주심을 바라고 어린아이들을 데리고 오매 제자들이 꾸짖거늘 예수께서 보시고 노하시어 이르시되 어린아이들이 내게 오는 것을 용납하고 금하지 말라 하나님의 나라가 이런 자의 것이니라 내가 진실로 너희에게 이르노니 누구든지 하나님의 나라를 어린아이와 같이 받들지 않는 자는 결단코 그곳에 들어가지 못하리라 하시고 그 어린아이들을 안고 그들 위에 안수하시고 축복하시니라"(막 10:13~16).

여러분 각자에게 꿈이 있을 것입니다. 개인의 꿈, 가정의 꿈, 교회의 꿈, 여러 가지 꿈들이 있을 것입니다. 필자에게도 꿈이 있습니다. 오래전부터 아름다운 꿈이 있었습니다. 이 꿈을 필자는 '가슴 뛰는 꿈'이라고 말합니다. 그것은 교회를 향한 꿈, 다음 세대를 향한 꿈입니다.

하나님은 이 땅의 모든 교회가 건강하게 세워지기를 바라는 마음이 있고, 다음 세대가 미래를 준비하면서 잘 세워지기를 바라는 마음이 있습니다. 이 하나님의 마음이 저의 마음속에도 있습니다.

사람들은 다 자기의 가치대로 인생을 살아갑니다. 여러분들의 마음을 뒤흔드는 핵심가치는 무엇입니까? 인생을 던질 수 있는 핵심가치, 그 단어만 보면 가슴이 떨리고 인생을 바쳐도 아깝지 않은 단어, 그것은 바로 '복음'입니다. 필자는 '복음'이라는 단어만 들으면 가슴이 뜁니다. '교회'라는 단어를 들으면 가슴이 행복합니다. 또 '다음 세대'라는 단어만 들으면 필자의 마음을 사로잡아 평생 살면서 다음 세대를 놓치지 않고 섬기면서 살기를 다짐합니다.

그런데 요즘, 이 땅의 교회가 잘 안 된다는 소식을 접할 때마다 마음이 아픕니다. 한 해에 약 3천 개의 교회가 문을 닫는다고 하고, 교회마다 노령화가 되고, 박물관이 되고, 힘이 없어 정체기가 아니라 쇠퇴기로 빠져가는 교회들을 보면서 얼마나 가슴이 아픈지 안타까움을 금할 수가 없습니다.

다음 세대가 무기력하고 한국교회 60~70%가 교육부서 자체가 없는 시대가 되었으니 얼마나 안타까운지 모릅니다. 그렇게 그냥 갈 수는 없습니다. 우리의 믿음의 선배들이 물려주었던 신앙의 유산을 우리는 반드시 다음 세대에게 물려주어야 합니다.

하나님은 살아계십니다. 우리에게는 성경이 있습니다. 성령님이 계십니다. 다시 교회는 일어날 수 있으며, 다음 세대는 반드시 살아나야 합니다. 필자는 얼마든지 말씀과 성령으로 교회가 견고하게 세워질 수 있다고 믿는 사람이고, 다음 세대도 말씀과 성령, 사랑으로 섬긴다면, 얼마든지 견고하게 세워질 줄로 믿습니다.

교회들이 말씀과 성령으로 견고하게 세워지기를 바라고, 작은 교회라 할지라도 성장의 모델이 되고, 교회는 살아날 수 있다는 것을 보여줄 수 있으면 좋겠습니다. 우리 교회만을 위한 교회가 아니라 이 땅의 다음 세대를 축복하는 교회로 쓰임 받기를 간절히 축복합니다.

필자는 어린이 선교단체 출신입니다. 선교단체에 있으면서 하나의 철학이 있었습니다. 그것은 '선교단체는 교회를 위하여 존재한다'는 것입니다. 그래서 교회를 섬기려고 부단히 애를 썼습니다. 선교단체를 통해 교회를 세우기를 원했습니다. "어린이들을 전도합시다." "교사들이 일어나야 합니다." "다음 세대는 살아나야 합니다." 간절히 외치던 내용입니다.

교회가 살아나면 저에게 더 큰 기쁨이 없습니다. 그래서 저는 '교회' 그러면 가슴이 뜁니다. 거리에서 걸어갈 때나 차를 타고 도로를 지나갈 때 십자가가 눈에 보이면 손을 들고 교회를 위해 축복하고 갑니다. "하나님 저 교회에 은혜를 주십시오."

그래서 그냥 '교회'라고 부를 수 없어 '영광스러운 하나님의 교회', '그리스도의 신부인 교회', '주의 몸 된 교회'라고 부르게 됩니다. 주님에게는 교회가 전부 다입니다. 교회의 머리가 그리스도이고 그리스도의 몸이 교회이기에, 교회가 망가지면 주님이 얼마나 안타까워하시겠습니까?

본문 말씀을 통해 다시 한번 주님의 마음으로 다음 세대를 바라보고 섬겨나갈 수 있기를 간절히 원합니다.

"사람들이 예수께서 만져 주심을 바라고 어린아이들을 데리고 오매 제자들이 꾸짖거늘"(막 10:13).

사람들이 아이들을 예수님께 데리고 옵니다. 교회 오시면서 그냥 혼자 오시지 않고 자녀들과 함께 오시는 분들이 있을 것입니다. 얼마나 귀합니까! 특별새벽기도회나 수요예배 드릴 때, 교회 공 예배를 드릴 때도 부모들이 자녀의 손을 잡고 교회로 오는 것은 주님이 기뻐하시는 일입니다.

필자는 다음 세대가 잘 세워지는 한 교회에 몇 번 집회를 다녀온 적이 있습니다. 그 교회는 매 주일 어린이들이 2,000명 정도 모이는데, 필자가 집회 갔을 때는 어린이들이 3,700명이 모였습니다. 그 교회의 주차장이 매우 넓었는데 차들이 가득 차 있었습니다. 어떻게 이렇게 차들이 많이 있냐고 관계자 되시는 분에게 물어보았더니, 교회 어른 성도들이 자기 동네에 있는 어린이들을 자기 차로 데리고 온다는 것입니다. 어린이들이 주님을 만나야 한다는 열정으로 어른들이 어린이들을 교회로 데리고 온다는 것입니다.

여러분은 자녀들을 어디로 데리고 가십니까? 주님께로 데리고 가십니까? 학원으로 데리고 가십니까? 말씀이 있는 곳, 예수님을 만나는 곳으로 데리고 가십니까? 아니면 세상 유행 따라서 아이들을 데리고 가십니까? 사랑하는 자녀들을 주님께로, 교회로, 은혜가 있는 곳으로 데리고 갈 수 있기를 바랍니다.

그런데 이게 무슨 일입니까? 부모가 아이들을 예수님께 데리고 오는데 제자들이 꾸짖습니다. 예수님의 제자들은 이 아이들을 보면서 "야~ 애들은 가라. 애들은 가라"라고 꾸짖고 있는 것입니다.

꾸짖음을 받을 대상은 아이들이 아니라 제자들임에도 불구하고 아이들을 꾸짖고 있는 것입니다. 아이들은 헌금하지 않는다고 별 볼 일 없다고 쓰임 받지 못한다고 시끄럽고 힘없고 도움이 안된다고 여긴 것입니다.

예수님의 사역에 아이들이 방해된다고 생각하고, "애들아, 지금은 예수님이 어른들에게 말해야 한단다"라고 한 것입니다. 아이들을 꾸짖으면 예수님께서 기뻐하실 것이라고 제자들은 생각했는지도 모릅니다. 예수님이 아이들 때문에 더 피곤하다고 여기고 아이들을 막고 있는 것입니다. 제자들은 자기 방식대로 생각하고 있습니다.

그러나 예수님은 아이들이 오는 것을 싫어하지 않으십니다. 우리가 우리 방식대로 주님을 섬기면 주님은 기뻐하지 않으십니다. 우리는 분명하게 주님이 무엇을 원하는지를 정확하게 알고 주님을 섬겨야 합니다. 혹시 우리는 예수님의 제자들처럼 아이들을 무시하지 않습니까? 우리보다 능력이 없고 지식이 없고 가진 것이 없다고 무시하지 않습니까?

우리가 아이들을 무시하는 순간 아이들이 예수님을 만나는 것을 막고 있는 것입니다. 아이들이 예수님의 은혜를 받아야 하는데 우리가 막고 있는 것입니다. 예수님은 아이들을 축복하시기를 많이 원하시는데 우리가 그 축복을 가로막고 있는 것입니다.

"예수께서 보시고 노하시어 이르시되 어린아이들이 내게 오는 것을 용납하고 금하지 말라 하나님의 나라가 이런 자의 것이니라"(막 10:14).

예수님께서 화를 내셨습니다. 이것을 '의분'(義憤)이라고 합니다. 성경에 예수님께서 화를 내신 모습이 몇 번 나옵니다.

첫 번째는 성전에서입니다. 예배드리고 하나님을 만나는 성전은 만민이 기도하는 집입니다. 그런데 자신의 이익을 위해서 성전에서 제사를 드리려고 하는 사람들에게 엄청나게 비싼 양을 팔고 큰 수수료를 붙여 돈을 바꾸어 주는 것을 예수님은 용납하지 않으셨습니다. 예수님은 상을 뒤엎으시고 채찍을 내리치셨습니다.

두 번째는 겉과 속이 다른 바리새인에 대해서 예수님은 의분을 표현하셨습니다. 자칭 하나님을 잘 섬긴다고 하면서 예수님을 사랑하는 마음은 없고 형식만 있는 모습을 예수님은 싫어하셨습니다. 예배를 진심으로 하지 않고 겉치레로 하는 것입니다. 속마음으로 주님을 사랑하는 마음이 없이 겉으로는 사랑하는 척하는 바리새인을 향해 "독사의 자식들아"라고 하며 예수님은 화를 내셨습니다. 우리는 마음과 행동이 일치되고 사랑과 기쁨으로 예배할 수 있기를 바랍니다.

세 번째는 아이들을 무시하고 업신여길 때입니다. 아이들이 예수님께 오는 것을 가로막을 때 우리 예수님께서 노하셨습니다.

나라도 선진국일수록 아이들을 존중히 여깁니다. 약자들을 존중히 여깁니다. 장애인들을, 노약자들을 존중히 여깁니다. 후진국일수록 아이들과 어른들을 무시하는 경향이 있습니다.

아이들이 예수님께 오는 것을 막는 것을 주님께서 화낸다는 것을 꼭 기억하십시오. 아이들을 막으면 안 됩니다. 임산부가 아기를 수술하여 낙태시키는 것은 주님께서 화내실 일입니다. 혹시 그런 일이 있다면 철저하게 주님 앞에 회개하며 주 앞에 바로 설 수 있기를 바랍니다. 아이들을 구타하며 폭력을 행하는 것, 아이들을 무시하는 것, 말로 저주하는 것, 그리고 행동으로 아이들을 거부하고 학대하는 것 모두가 아이들이 예수님께 오는 것을 제자들처럼 막고 있는 것입니다.

아동학대의 85%가 가정에서 일어난다고 합니다. 그러면 안 됩니다. 아이들을 소중히 여겨야 합니다. 아이들도 인격체입니다. 아이들을 무시하는 순간, 주님께서 화를 내신다고 성경은 말해주고 있는 것입니다.

"사람들이 예수께서 만져 주심을 바라고 어린아이들을 데리고 오매 제자들이 꾸짖거늘"(막 10:13).

부모들이나 어른들이 '내 아이를 만져주십시오. 안수해 주십시오. 내 아이 좀 축복해 주십시오'라는 마음으로 예수님께 아이들과 자녀들을 데리고 오는 것입니다. 당시에 회당에 가면 부모들은 아이들을 랍비에게 안수를 받게 하고 기도를 받는 풍습이 있었습니다.

부모들은 예수님의 터치를 원하고 축복을 원하고 있습니다. 터치가 일어나면 스파크가 일어납니다. 우리의 예배 가운데, 삶 가운데 하나님의 만져 주심을 경험할 수 있기를 바랍니다. 말씀을 통해서 하나님이 나를 만져 주시고 있습니다. 찬양을 통해 하나님이 만져 주시고 있습니다. 여러분의 섬김과 교제를 통해서도 하나님께서 아이들을 만져 주실 것입니다. 하나님의 만져 주심을 경험할 수 있다면 그 안에 구원의 역사와 회복의 역사, 치유의 역사, 축복의 역사가 나타날 줄로 믿습니다.

아이들도 구원의 대상이고, 축복의 대상이고, 주님께 쓰임 받는 사역의 대상이라는 것을 꼭 기억하고 존중히 여길 수 있기를 바랍니다.

이삭이 야곱을 안수하고 축복했습니다. 그리고 야곱은 열두 아들을 안수하고 축복했습니다.

필자가 어린이 부흥 집회할 때의 일입니다.

설교 후 기도회 시간에 아이들을 강단으로 초청하여 기도회를 인도하고 있었습니다. 어린이들을 한 명씩 안수기도를 해주고 있는데, 갑자기 어떤 분이 집회를 인도하는 필자의 손을 잡는 것입니다. 그리고 제 손을 옮겨다가 다른 아이 머리에 얹는 것입니다. 나중에 알고 봤더니, 한 선생님이 자기 딸에게 안수기도를 해 달라고 제 손을 잡아 자기 딸 머리 위에 얹은 것입니다. 우리 아이를 축복해 달라는 것입니다. 우리 아이를 좀 만져 달라는 것입니다. 간절한 마음이 있는 것입니다. 우리 교회들이 예수님의 제자들처럼 아이들을 무시하는 교회가 아니라 아이들을 환영하고 사랑하는 교회가 되기를 원합니다.

어떤 분들은 자녀를 짐이라고 생각하는 분이 있습니다. 그렇지 않습니다. 아이들을 키우는 것이 힘들다고, 어이들 양육하는데 돈이 많이 들어간다고 하면서 아이를 낳지 않는 부모들도 있습니다. 안 됩니다. 자녀는 짐이 아니라 복입니다. 다음 세대는 보물이고

보석입니다. 예수님께서 우리 아이들을 축복하십니다.

"그 어린아이들을 안고 그들 위에 안수하시고 축복하시니라"(막 10:16).

예수님께서 어린아이들을 무시하지 않고 안아 준다는 것입니다. 안아 준다는 것은 눈높이를 맞춰주는 것입니다. 아이들을 격려하는 것입니다. 그리고 예수님께서 아이들을 무시하지 않고 예수님의 손을 아이들의 머리 위에 얹습니다. 머리 위에 손을 얹고 안수하십니다. 축복하는 것입니다. 예수님의 사랑 표현입니다. 안아 주는 것입니다. 터치하는 것입니다. 그럴 때 역사가 일어나는 것입니다.

아이들이 어릴 때 많이 안아 줄 수 있기를 바랍니다. 한 마디라도 저주의 말을 퍼붓지 마시고 축복하십시오. 여러분의 말 한마디가 아이들의 미래를 열어갈 것입니다.

"예수께서 보시고 노하시어 이르시되 어린아이들이 내게 오는 것을 용납하고 금하지 말라 하나님의 나라가 이런 자의 것이니라"(막 10:14).

'어린아이는 천국 간다'라는 뜻이 아닙니다. 어린아이에게도 좋은 특성과 나쁜 특성이 많습니다. 그러나 여기에서는 좋은 특성을 받으라는 것입니다. 아이들의 순수한 모습, 복잡하지 않고 단순한 모습, 신뢰하는 모습, 의존하는 모습, 자기가 좋아하는 장난감을 가지고 재미있게 놀다가도 '딩동' 소리가 나면 "엄마다, 아빠다"라고 하면서 있는 것을 놓고 달려갈 수 있는 그 순수한 모습을 말씀하시는 것입니다.

우리가 어떤 것을 가지고 살고 있지만, 주님이 나를 부르신다면 모든 것을 버리고 주님께로 달려가서 주님 없이는 살 수 없다고 고백하는 사람에게는 천국이 임할 줄로 믿습니다. 필자는 예배하는 모습을 볼 때마다 어린아이 같은 분들을 봅니다. 아이들의 미성숙하고 나쁜 특성을 말하는 게 아니라 예배를 드리면서 아이들 같은 마음으로 모든 기득권을 내려놓고 사모하는 마음으로 예배하는 분들, 필자가 보기에도 너무 아름다운데, 하나님이 보시기에 얼마나 더 아름다울까요? 필자는 여러분들이 순수한 마음으로 반응할 수 있기를 축복합니다.

필자가 전에 어떤 유치부 아이를 안아 준 적이 있습니다. 너무 좋아했습니다. 그런데 그 옆에 있는 애가 이렇게 얘기하는 것입니다. "목사님, 저도 안아 주세요." 그래서 그 아이를 안아줬습니다. 그랬더니 먼저 안겼던 애가 이렇게 얘기하는 것입니다. "걔는 왜 이렇게 오래 안고 있어요?" 너무 솔직합니다. 순수합니다. 그런 마음을 말하고 있는 것입니다.

"내가 진실로 너희에게 이르노니 누구든지 하나님의 나라를 어린아이와 같이 받들지 않는 자는 결단코 그곳에 들어가지 못하리라 하시고"(막 10:15).

아이들을 받들지 않으면 천국에 들어가지 못한다는 것입니다. '받든다'는 것은 '받아들이는 자'란 뜻입니다.

필자는 여러분이 열린 마음으로 하나님 말씀을 받아들일 수 있기를 축복합니다. 성경에 있는 진리를 선포할 때 그대로 받아들이는 사람은 그 안에 천국과 축복과 은혜가 임합니다. 거부하고 안 믿으면 천국이 임할 수가 없습니다. 받아들이는 사람, 아이들처럼 받아들이는 사람에게 하나님의 역사, 하나님의 능력이 나타날 줄로 믿습니다.

다음 세대를 위한 대안,
영적 거장입니다

"아이 사무엘이 점점 자라매 여호와와 사람들에게 은총을 더욱 받더라"(삼상 2:26)

사무엘처럼 점점 자라가 영적 거장으로 쓰임 받기를 간절히 소원합니다. 이 시대에는 잘 성장하는 사람들이 있고 성장이 멈춘 사람들도 있습니다. 어떤 사람은 주의 손에 잘 붙들려 쓰임 받는 인생이 있는 반면에 하나님 앞에 쓰임 받지 못하고 버림받을 수도 있는 정말 안타까운 인생도 있습니다.

본문에는 두 종류의 사람이 나옵니다. 하나는 사무엘과 엘리 제사장의 두 아들 홉니와 비느하스입니다. 똑같은 가정에서 환경에서 그들은 같이 자랐습니다. 같은 공동체 생활을 했습니다. 그런데 어떤 사람은 쓰임 받는 인생이 되었고, 어떤 사람은 쓰임 받지 못한 인생이 되고 말았습니다.

먼저 홉니와 비느하스의 잘못된 모습을, 말씀을 통해서 보기 원합니다.

"엘리의 아들들은 행실이 나빠 여호와를 알지 못하더라"(삼상
2:12).

이럴 수가 있습니까? 하나님을 안 믿는 불신자도 아니고, 직분이 있고 교회 생활을 잘하는데도 불구하고, 오늘날 홉니와 비느하스같은 사람이 많습니다. "여호와를 알지 못했다."

하나님을 알지 못하니 그가 하는 모든 일은 하나님 보시기에 합당한 것이 될 수가 없습니다. 홉니와 비느하스의 첫 번째 근본적인 문제는 하나님에 대한 무지였습니다. 하나님이 무엇을 기뻐하시는지, 하나님께서 무엇을 원하는지를 모르는 것입니다. 얼마나 안타까운 일입니까? 하나님을 모른다는 메시지가 성경 여러 군데에 나옵니다.

"바로가 이르되 여호와가 누구이기에 내가 그의 목소리를 듣고 이스라엘을 보내겠느냐 나는 여호와를 알지 못하니 이스라엘을 보내지 아니하리라"(출 5:2).

하나님께서 이스라엘 백성들을 모세를 통해 구원하기 원하셨습니다. 그래서 모세를 바로에게 보내셨지만 바로는 "내가 하나님을 알지 못하는데 내가 어떻게 이스라엘 백성을 보낼 수 있겠느

냐?"라고 합니다. 하나님을 모르니 하나님을 거역하고 하나님이 하시는 일들을 방해하고 핍박하는 사람이 되고 마는 것입니다.

필자는 여러분이 하나님을 잘 알기를 바랍니다. 힘써 여호와를 알기를 바랍니다. 하나님을 모르면 바로처럼 하나님의 구속 사역을 방해하는 사람이 되고 핍박하는 사람이 되고 맙니다.

"그 세대의 사람도 다 그 조상들에게로 돌아갔고 그 후에 일어난 다른 세대는 여호와를 알지 못하며 여호와께서 이스라엘을 위하여 행하신 일도 알지 못하였더라"(삿 2:10).

모세와 여호수아 세대가 지나가고 다음 세대가 믿음의 세대로 정말 잘 세워져야 하는데 '다음 세대'가 아니라 본문에는 '다른 세대'가 되고 말았습니다. 왜요? 여호와를 알지 못하기 때문입니다. 할아버지, 할머니, 아버지, 어머니는 목사님, 장로님, 권사님, 집사님인데 자녀 세대가 여호와를 알지 못하는 세대가 되고 마는 것입니다. 이럴 수가 있나요?

다음 세대들이 찬양하고 예배하는 모습이 얼마나 감동적입니까? 우리의 다음 세대가 정말 다른 세대가 되지 않기를 위해서 기도하고 축복하고 있습니다. 문화적으로는 다른 세대가 될 수 있습니다. 하지만 영적으로는 다른 세대가 되면 안 됩니다. 우리 사랑하는 교사들이 다음 세대를 가슴에 품고 섬기는 모습이 너무너무 감동이고 축복이고 감사한 마음으로 가득합니다. 우리의 자녀들을 우리를 대신해서 축복하고 사랑하고 영적 거장으로 세우고 싶어 하는 그 뜨거운 열망이 틀림없이 우리의 사랑하는 자녀들이 다른 세대가 되지 않고 다음 세대가 되는 역사를 일으킬 줄 믿습니다.

그러기 위해서는 반드시 여호와를 알아야 합니다. 여호와를 모르면, 하나님을 모르면, 하나님이 누구신지도, 하나님께서 무슨 일을 행하셨는지를 모르면, 다른 세대가 되고 맙니다.

"홉니와 비느하스는 여호와를 알지 못하였더라." 여기서 '안다'의 히브리어 단어 '야다'는 지식적으로 안다는 것이 아닙니다. 책을 봐서 이론적으로 하나님을 아는 정도가 아니라 체험적으로 아는 것, 관계적으로 아는 것을 말씀합니다. 필자는 여러분의 삶 가운데 하나님의 살아계심과 사랑하심과 역사하심을 날마다 체험하며 알아갈 수 있기를 축복합니다.

결국 홉니와 비느하스는 하나님과의 관계를 맺지 않고 있다는 말씀입니다. 그러니까 직분도 있고 교회 생활도 하고 있는데도 불구하고 하나님과 교제가 없는 것입니다. 관계를 못 누리는 것입니다. 하지만 여러분, 하나님과 교제할 수 있는 사람, 하나님과 하나 될 수 있는 사람, 하나님과 동행할 수 있는 사람, 묻고 응답을 받고 은혜를 누리고 함께 교제하며 살아갈 수 있는 사람, 이 사람을 통해서 하나님의 거룩한 뜻이 이루어질 줄로 믿습니다.

하나님을 알지 못하면, 체험적으로 경험적으로 알지 못하면, 그

신앙이 변질할 가능성이 큽니다. 여호와를 알지 못하니까 홉니와 비느하스의 생활이 엉망이 되고 말았습니다.

"이 소년들의 죄가 여호와 앞에 심히 큼은 그들이 여호와의 제사를 멸시함이었더라"(삼상 2:17).

제물로 드리는 것 중에 제일 좋은 것을 갈고리로 다 끄집어내어 먹은 죄가 심히 큼은 여호와의 제사를 멸시함이라고 말씀합니다. 하나님을 존중하지 않고 예배를 우습게 여겼습니다. 홉니와 비느하스는 형식적인 예배를 너무 많이 드려서 예배가 식상한 것입니다. 예배에 감격이 없는 것입니다. 그래서 예배를 멸시하고 말았습니다. 하나님을 무시하고 말았습니다. 이것은 영적 타락을 의미합니다.

예배를 소홀히 하는 사람이 있습니까? 하나님을 알지 못하기 때문입니다. 하나님이 무엇을 원하시는지, 예배를 주께서 얼마나 기뻐하시는지, 예배를 통해서 우리에게 어떤 은혜를 주시는지 몰라서 그렇습니다.

어떤 부모님들은 자녀들의 예배를 소홀히 합니다. 바쁘니까 학교 시험이 있으니까 예배의 자리, 수련회 자리를 못 가게 하는 부모들이 있습니다. 하나님 앞에 여러분의 자녀들이 영적 거장으로 자라나 쓰임 받기를 원하면서도 어떻게 하나님을 만나는 예배의 자리에 보내지도 않을 수 있습니까?

하나님의 임재와 영광이 가득한 교회, 예배가 살아있는 교회가 되어야 합니다. 예배는 우리의 삶의 심장과 같고 가장 가치 있고 주님께서 기뻐하십니다. 예배에 실패하지 않기를 간절히 소원합니다. 예배가 무너지면 생활이 무너지는 것입니다. 여러분은 예배를 어떻게 드리고 있습니까? 사모하며 드리고 있습니까? 진정으로 드리고 있습니까? 주님을 만나는 예배를 드리고 있습니까?

이들은 예배를 멸시했습니다. 제사를 멸시했습니다. 하나님을 무시했습니다. 존중하지 않았습니다. 멸시라는 단어가 또 나옵니다.

"여호와께서 모세에게 이르시되 이 백성이 어느 때까지 나를 멸시하겠느냐 내가 그들 중에 많은 이적을 행하였으나 어느 때까지 나를 믿지 않겠느냐"(민 14:11).

믿지 못하니까 멸시하는 것입니다. 존중하지 못하는 것입니다. 하나님을 알지 못하고 하나님을 믿지 못하니까 하나님께 드리는 예배를 멸시하는 것입니다. 이 홉니와 비느하스가 누구입니까? 바로 엘리 제사장의 아들입니다. 그리고 그 아들들도 제사장입니다.

"엘리의 두 아들 홉니와 비느하스가 여호와의 제사장으로 거기에 있었더라"(삼상 1: 3).

얼마나 무서운 이야기입니까? 그들은 지금으로 말하면 목사 후보생들입니다. 직분이 있습니다. 예배를 멸시하는 데도 예배를 인도하는 것입니다. 필자는 여러분들이 새가족이거나 신앙생활을 오래 했어도 주님을 만나는 예배를 드리시기를 축복합니다. 예배가 무너지면, 예배를 무시하면 그 결과는 괜찮지 않습니다. 비참합니다. 정말 안타까운 것입니다. 여러분 기도해주십시오. 한국교회 목회자들과 성도들이 바른 예배를 드리고 예배의 영광을 누릴 수 있도록 기도해주시기를 바랍니다. 하나님을 멸시했던 백성들의 결과가 나옵니다.

"내가 그들의 조상들에게 맹세한 땅을 결단코 보지 못할 것이요 또 나를 멸시하는 사람은 한 사람도 그것을 보지 못하리라"(민 14:23).

하나님을 멸시한 사람은 단 한 사람도 가나안 땅을 보지 못한다는 뜻입니다. 홉니와 비느하스는 하나님을 알지 못해서 예배가 망가지게 되니까 생활도 망가지는 것입니다.

"엘리가 매우 늙었더니 그의 아들들이 온 이스라엘에게 행한 모든 일과 회막 문에서 수종드는 여인들과 동침하였음을 듣고"(삼상 2:22).

성적인 타락이 일어났습니다. 이럴 수가 있나요? 이들은 주님을 섬기는 사람들이라고 자청하는 사람들인데, 성적인 타락이 일어나고 있는 것입니다. 영적으로 무너지고, 예배가 무너지니 도덕적인 타락이 일어나고, 그리고 삶이 망가지게 되는 것입니다. 우리의 예배가 무너지면 우리의 삶이 무너집니다. 하나님을 두려워하지 않고 존중하지 않고 멸시하는 그들의 인생은 엉망이 되는 것입니다. 그러나 요셉을 보십시오.

"이 집에는 나보다 큰 이가 없으며 주인이 아무것도 내게 금하지 아니하였어도 금한 것은 당신뿐이니 당신은 그의 아내임이라 그런즉 내가 어찌 이 큰 악을 행하여 하나님께 죄를 지으리이까"(창 39:9).

내가 지금 죄를 짓는 것은 하나님께 죄를 짓는 것이라고 고백하는 요셉은 하나님 앞에서 신전의식을 갖고 살아가기 때문에 성적인 유혹에서 승리했습니다. 여러분이 평생 살아가는 동안에 승리할 수 있기를 축복합니다.

하나님을 두려워하지 않고 멸시하고 살아가며 영적인 삶이 무너지니 모든 삶이 무너집니다. 더 나아가 홉니와 비느하스는 여호와를 알지 못하고 예배가 무너지니 결국 도덕적으로 타락하고 결국 부모의 말도 듣지 않습니다.

> "사람이 사람에게 범죄하면 하나님이 심판하시려니와 만일 사람이 여호와께 범죄하면 누가 그를 위하여 간구하겠느냐 하되 그들이 자기 아버지의 말을 듣지 아니하였으니 이는 여호와께서 그들을 죽이기로 뜻하셨음이더라"(삼상 2:25).

홉니와 비느하스는 아버지가 타이르는데도 불구하고 듣지 않는 것입니다. 그러니까 사모하는 마음이 없고, 순종하는 마음이 없고, 마음이 완악해지고 강퍅해진 것입니다. 얼마나 안타깝습니까? 마음이 굳어지면 누구의 말도 듣지 않습니다. 자기의 고집이 꽉 차 있습니다. "난 내 방식대로 산다. 어떤 권면이나 훈계도 거부하고 외면한다." 이것이 홉니와 비느하스의 문제점입니다.

여러분 기억하세요. 하나님 말씀을 잘 들을 때 우리의 삶은 가능성이 있습니다. 저는 확신합니다. 하나님의 말씀을 들으면 사람은 변합니다. 사모하는 마음으로 하나님의 말씀을 받을 수만 있다면 회복의 삶과 변화의 삶이 반드시 나타납니다. 그런데 말씀을 거부하고 권면을 거부하고 있습니다. 고집으로 꽉 차 있고 마음이 강퍅하고 완악하니 삶에 은혜가 없고 성장이 없고 변화가 없는 것을 봅니다. 마음이 병든 것입니다.

예배시간에 똑같이 말씀을 들어도 은혜를 누리는 사람이 있습니다. 어떤 사람은 말씀을 안 듣는 분들도 있습니다. 내 방식대로 산다고 고집부리고 사는 것입니다. 그러면 가능성이 없습니다. 그러나 말씀을 사모하고 듣는 분들은 반드시 그의 길을 주님께서 열어주실 줄로 믿습니다.

"또 새 영을 너희 속에 두고 새 마음을 너희에게 주되 너희 육신에서 굳은 마음을 제거하고 부드러운 마음을 줄 것이며"(겔 36:26).

내 마음속에 완악했던 마음, 강퍅했던 마음들이 다 사라지고 부드러운 마음이 되어 주님이 주시는 말씀을 아멘으로 화답하면, 이 말씀이 내 삶 가운데 풍성한 열매로 맺어질 수 있습니다. 그래야 내가 살고 가정이 살고 미래가 살고 교회가 삽니다.

그러면 주 앞에 쓰임 받았던 사무엘은 어떻습니까? 하나님과 교제하며 동행하던 아름다운 사무엘의 모습을 보게 됩니다. 엘가나와 한나는 사무엘의 아버지와 어머니였습니다. 엘가나와 한나는 기도하며 낳은 사무엘을 하나님께 드립니다. 하나님께 바칩니다. 얼마나 사랑스럽겠습니까? 그런데 눈에 넣어도 아프지 않은 자녀를 하나님께 맡기고 책임져 달라고 기도했습니다.

"그 아이는 제사장 엘리 앞에서 여호와를 섬기니라"(삼상 2:11).

사무엘이 어릴 때 얼마나 놀고 싶었겠습니까? 자기가 하고 싶은 대로 뛰어다니고 싶었을 것입니다. 그러나 사무엘은 어릴 때부터 세마포 에봇을 입고 구별된 사람으로 하나님을 섬기며 자랐습니다. 결국 그의 미래는 하나님 앞에 귀하게 쓰임 받는 생애가 되었습니다.

여러분이 자녀를 잘 키우는 것도 중요하지만 하나님께서 자녀를 만지실 때 자녀의 미래가 열리는 것입니다. 어릴 때부터 신앙 교육을 잘 받았던 사무엘을 주께서 귀하게 쓰시는 것을 보게 됩니다. 어릴 때 은혜받으면 평생 갑니다.

"마땅히 행할 길을 아이에게 가르치라 그리하면 늙어도 그것을 떠나지 아니하리라"(잠 22:6).

우리가 어릴 때 은혜받았던 찬송, 배우고 암송했던 말씀은, 그때 은혜받았던 감격은 늙어서도 떠나지 않습니다. 디모데는 어릴 때부터 외할머니 로이스와 어머니 유니게의 신앙 교육을 통해서 사도 바울의 후계자로 쓰임 받는 일꾼이 된 것을 보면, 어릴 때부터 신앙 교육을 잘 받는 것이 얼마나 중요한지 모릅니다.

"여호와 앞에서 섬겼더라"(삼상 2:18).
"아이 사무엘은 여호와 앞에서 자라니라"(삼상 2:21).

사무엘이 어릴 때부터 여호와 앞에서 자라고 하나님 앞에서 섬기는 것이 얼마나 감사한 일입니까? 다음 세대가 하나님 앞에서 자라나 쓰임 받기를 바랍니다. 어릴 때부터 준비되고 훈련되어야 쓰임 받을 수 있습니다.

우리의 신앙이 중단되지 말고 성장할 수 있기를 축복합니다. 멈추면 안 됩니다. "난 이제 성경공부 안 해"라고 하는 성도가 있습니다. 성장하는 것을 포기하는 분이 계십니다. 너무 안타깝습니다. 그러면 우리의 신앙이 떨어집니다. 타락합니다.

여러분이 평생 중단하지 말고 사무엘처럼 점점 자랄 수 있기를 바랍니다. 영적인 훈련, 지적인 훈련, 인격적인 훈련들을 통해서 점점 자라나는 은혜가 있기를 간절히 소원합니다.

사무엘은 홉니와 비느하스와 함께 있었습니다. 사무엘은 환경에 지배받지 않았습니다. 환경 탓을 하지 않는 것입니다. 똑같은 환경 속에서 자라나는데 사무엘은 하나님의 은혜 속에서 자랐습니다.

"아이 사무엘이 점점 자라매"(삼상 2:26).
"예수는 지혜와 키가 자라가며"(눅 2:52).

사무엘은 예수님처럼 점점 자랐습니다. 이러한 사람의 축복이 있기를 간절히 소원합니다. 예수님은 영적으로, 지적으로, 정신적으로, 사회적으로 성장하셨습니다. 어릴 때 예수님의 모습처럼 사무엘도 성장한 것입니다. 나이와 상관없이 여건과 상관없이 점점 자라는 아름다운 인생, 내면이 풍성한 아름다운 인생, 믿음이 점점 깊어지는 인생, 사랑이 넓어지는 인생, 더 주님을 깊이 있게 알아가는 인생, 열정이 식지 않는 인생이 될 수 있기를 간절히 축복합니다.

"여호와와 사람들에게 은총을 더욱 받더라"(삼상 2:26).

사무엘의 특징은 잘 자랄 뿐만 아니라 하나님과 사람들에게 은총을 받는 것입니다. 하나님께만 은총을 받을 뿐 아니라 사람들에게도 칭찬을 받고 인정을 받는 것입니다.

더 나아가 "은총을 더욱 받더라"고 했습니다. 이 은총의 단어가 필자가 개인적으로 좋아하는 단어인 '토브'입니다. '내가 너를 보니 즐겁다.' '내가 너를 보니 기쁘다.' '내가 너를 보니 만족스럽다.' '하나님 보시기에 좋았더라.' '아름다운 자라.' '토브' 은총을 받는 백성이 된 것입니다. 하나님의 감탄사입니다.

사무엘을 보고 놀란 것입니다. 그의 아름다운 모습들을 보고 말입니다. 하나님께서 우리를 보실 때에 '토브'하실 수 있도록 자라기를 간절히 바랍니다. 아름다운 사람, 점점 성장하는 사람, 잘 훈련된 사람 말입니다. 예수님을 보십시오.

"하나님과 사람에게 더욱 사랑스러워 가시더라"(눅 2:52).

예수님도 자라가는 것입니다. 예수님도 하나님과 사람들에게 더욱 사랑스러워 가는 것입니다. 이것이 진짜 믿음입니다. 하나님 앞에서만 인정받는 것이 아니라 사람들로부터 칭찬받고 인정받는 사람인 것을 보게 됩니다. 우리와 교회들이 하나님께 영광 돌릴 뿐만 아니라 이 사회의 칭찬받는 교회가 되기를 간절히 소원합니다. 초대교회가 그랬습니다. 하나님께 인정받고 사람에게도 칭찬받는 교회였습니다.

"날마다 마음을 같이하여 성전에 모이기를 힘쓰고 집에서 떡을 떼며 기쁨과 순전한 마음으로 음식을 먹고 하나님을 찬미하며 또 온 백성에게 칭송을 받으니 주께서 구원 받는 사람을 날마다 더하게 하시니라"(행 2:46-47).

여러분의 인생도 이와 동일한 은혜가 있기를 축복합니다. 하나님과 함께하고 어릴 때부터 믿음 안에서 성장한 사무엘은 그 시대 속에서 가장 영향을 끼치는 영적 거장이 되었습니다. 얼마나 놀랍습니까?

이스라엘 첫 번째 초대 왕이 사울입니다. 두 번째 왕이 다윗입니다. 사울 왕에게 기름 부었던 사람이 누구입니까? 사무엘입니다. 다윗 왕에게 기름 부었던 사람이 누구입니까? 사무엘입니다. 사무엘을 하나님이 영적 거장으로 쓰셨던 것입니다.

"사무엘이 자라매 여호와께서 그와 함께 계셔서 그의 말이 하나도 땅에 떨어지지 않게 하시니"(삼상 3:19).

사무엘이 말씀을 선포하면 그대로 이루어지는 것입니다. 사무엘이 기도하면 하나님께서 다 받으시고 응답해 주시는 것입니다. 사무엘은 영성이 있었습니다. 영권이 있었습니다. 우리의 기도가 하늘에 상달 되고 땅에 떨어지지 않고 응답되기를 바랍니다.

하나님의 말씀을 준비하고 선포하면 삶 가운데 이루어지는 역사가 있기를 축복합니다. 하나님께서 사무엘을 사용해 주셨습니다. 선포할 때마다 기도할 때마다 하나도 땅에 떨어지지 않고 이루어지는 역사가 나타났던 것입니다.

"단에서부터 브엘세바까지의 온 이스라엘이 사무엘은 여호와의 선지자로 세우심을 입은 줄을 알았더라 여호와께서 실로에서 다시 나타나시되 여호와께서 실로에서 여호와의 말씀으로 사무엘에게 자기를 나타내시니라"(삼상 3:20-21).

단에서부터 브엘세바까지는 이스라엘 남과 북 전체를 의미합니다. 온 이스라엘이 사무엘은 여호와의 선지자로 세우심을 입은 줄을 알았습니다. 사무엘을 통해서 하나님의 뜻을 드러내시고 사무엘을 통해서 하나님의 말씀을 이루는 축복의 통로가 된 것입니다.

"그러므로 이스라엘의 하나님 나 여호와가 말하노라 내가 전에 네 집과 네 조상의 집이 내 앞에 영원히 행하리라 하였으나 이제 나 여호와가 말하노니 결단코 그렇게 하지 아니하리라 나를 존중히 여기는 자를 내가 존중히 여기고 나를 멸시하는 자를 내가 경멸하리라"(삼상 2:30).

이것이 바로 사무엘의 결론입니다. 하나님을 멸시하거나 무시하지 않고 하나님을 알아가고 예배하며, 전심으로 경외하고 존중하는 백성에게 하나님께서 그의 인생을 열어주신다는 것입니다.

기억하십시오. 하나님을 존중하는 것과 주님께 쓰임 받는 것은 비례합니다. 하나님을 존중하는 것과 하나님의 은혜를 받는 것은 비례합니다. 정말 하나님을 멸시하지 않고 무시하지 않고 존중하는 인생이 되어 존귀함을 받는 축복의 인생이 되기를 간절히 바랍니다.

CHAPTER

04

다음 세대와
교육

교사의 직분을 감당하면서, 때로는 돈이 없어 간식은 못 사줄지라도,
재능이 없어 게임은 잘 못 할지라도, 또 율동을 못 할지라도, 이 땅의
수많은 영혼이 우리를 바라보며 "선생님 때문에 저는 예수님을
믿었어요"라는 고백을 들을 수 있게 되기를 축복합니다.

CHAPTER
04

다음 세대와
교육

다음 세대를 위한 대안,
교육입니다

"너희는 내게 배우고 받고 듣고 본 바를 행하라 그리하면
평강의 하나님이 너희와 함께 계시리라"(빌 4:9)

다음 세대 사역을 섬기기 위해 하나님께서 교사와 함께하시는 은혜가 있어야 합니다. 평강의 하나님이 여러분과 함께 하기를 원합니다. 평강의 하나님께서 함께하시면 기쁨이 넘치고 감격이 넘칩니다. 자원하는 마음이 생깁니다. 없었던 은사가 생기고 열매와 감격이 넘쳐납니다.

평강의 하나님이 교사와 함께하지 않으면 힘도 능력도 기쁨도 은사도 자원하는 마음도 사라집니다.

"너희는 내게 배우고 받고 듣고 본 바를 행하라"고 했습니다. '행하라'를 교사 입장에서 바꿔 말한다면 '봉사하자, 교육하자, 가르치자, 섬기자'라고 할 수 있습니다. 그런데 그렇게 강조하기 전에, 내가 행하기 전에 먼저 해야 할 전제조건 네 가지를 말하고 있

습니다. "너희는 내게 배우고, 받고, 듣고, 보고" 그런 다음에 "행하라"라고 말합니다.

네 가지를 행한 다음에 가르치라고 말합니다. 그러면 평강의 하나님이 함께해주시겠다고 약속하셨습니다. 교사가 준비하지 않고 다음 세대 사역을 하면 평강의 하나님이 함께하실 수 없습니다.

첫 번째, 교사가 배워야 합니다. 잘 배우고 훈련받는 교사가 가능성이 있으며 쓰임 받을 수 있습니다. 요즘은 배우기를 싫어하는 시대가 되고 말았는데 교사가 배우지 않으면 다음 세대를 변화시키는 영향력 있는 가르침이 될 수 없습니다. 교사는 평생 배우고 평생 가르칠 수 있어야 합니다. 잘 배워야 잘 행할 수 있습니다.

두 번째는 잘 배울 뿐만 아니라 잘 받는 것입니다. 받은 것을 내 것으로 소화해야 합니다. 단순히 배운 지식을 전달하는 것이 아니라 내가 그 말씀에 먼저 은혜를 누리는 것입니다. 내가 먼저 말씀으로 새롭게 되어 감격을 누리는 것입니다. 그래서 내 말씀이 되고 내 찬송이 될 때 은혜가 되는 것입니다.

많은 성경 구절 중에서 내 말씀이 다 있을 것입니다. 내 말씀, 내게 부딪혔고 나의 첫사랑이 되었고 내가 정말 주 앞에서 사명을 발견했던 말씀, 그 말씀을 함께 나눌 때 역사가 일어나는 것입니다. 내가 먼저 은혜받지 않고 내 것으로 소화하지 않으면 역사와 변화는 일어나지 않습니다. 단순히 지식을 전달하는 것으로 다음 세대는 변화되지 않습니다. 말씀뿐만 아니라 공과를 준비하고 나눌 때 찬양을 준비하여 인도할 때 내 것으로 소화하기를 바랍니다.

세 번째는 듣는 것입니다. 교사는 하나님의 말씀을 들어야 합니다. 잘 들어야 순종할 수 있습니다. 순종하지 못하는 이유는 잘 듣지 않기 때문입니다.

그리고 아이들의 필요를 들어야 합니다. 아이들의 필요를 볼 때 채울 수 있고 문제를 해결할 수 있는 교사가 될 수 있습니다.

네 번째는 잘 보는 것입니다. 우리를 향한 하나님의 비전과 뜻을 볼 수 있는 교사라면 확신 가운데 가르칠 수 있습니다. 또 교회와 자라나는 다음 세대의 미래를 볼 수 있다면 우리의 가르침은 충실할 수밖에 없습니다. 지금은 부족하고 연약한 아이들이라 할지라도 하나님께서 이들을 향한 기대가 있고 하나님의 영광과 나라를 위해 크게 사용하신다면 우리는 소홀히 가르칠 수 없을 것입니다.

"너희는 내게 배우고 받고 듣고 본 바를 행하라 그리하면 평강의 하나님이 너희와 함께 계시리라"(빌 4:9).

교육에 있어서 잘 준비하자는 것입니다. 준비하지 않고 사역하면 역사가 없습니다.

"준비하기에 실패하는 자는 실패하기를 준비하는 것이다"라는 말이 있습니다. 잘 준비하지 않으면 실패할 수밖에 없습니다. 철저히 준비를 잘할 때 평강의 하나님이 함께하시는 은혜를 경험할 수 있습니다.

이 세상에는 두 종류의 사람이 있습니다. 어른이냐 어린이냐, 남자냐 여자냐, 하나님이 보실 때는 이것은 별로 중요하지 않습니다. 하나님은 우리 마음속에 예수님이 계신지 안 계신지를 보기 원하십니다. 예수 믿는 사람과 예수 믿지 않는 사람, 아니 예수 믿는 사람과 예수 믿을 사람이 있는 것입니다. 전도할 사람과 전도 받을 사람이 있는 것입니다.

하나님은 이 땅의 모든 사람이 구원받기를 원하십니다. 그 영혼이 성령 충만한 교사를 만날 수만 있다면, 여러분처럼 전도 열정이 많은 사람을 만날 수만 있다면, 그 영혼도 얼마든지 주님을 만날 줄로 믿습니다. 예수 믿는 사람, 예수 믿을 사람, 꼭 기억하십시오. 이 사람들을 향한 하나님의 뜻과 하나님의 계획을 기억하십시오.

이들을 향한 하나님의 목적은 '돌아오라, 자라가라'입니다. 믿지 않은 영혼들은 주님 앞에 돌아오기를 원하시고 돌아온 백성들은 자라기를 원하십니다. 이것이 주님의 뜻이고 주님의 목적입니다.

하나님께서 이 땅의 수많은 백성이 돌아오기를 바라서 예수님을 보내셨습니다. 돌아오기를 바라서 교회를 세우셨습니다. 돌아오기를 바라서 여러분들을 교사로 세우신 것입니다. 이 땅의 모든 영혼이 여러분들을 통해서 돌아오는 역사가 있기를 바랍니다.

돌아오면 하나님께서 얼마나 기뻐하시는지, 누가복음 15장의 세 가지 비유 속에서 알 수 있습니다. 돌아온 한 영혼 때문에 너무너무 기뻐하고 잔치를 벌이는 그 놀라운 모습들을 기억하십시오. 그 목자를 봐도, 여인을 봐도, 아버지를 봐도 알 수 있습니다.

돌아온 사람들은 그냥 가만히 있으면 안 됩니다. 돌아왔으면 자라 가야 합니다. 필자는 여러분들이 잘 자라갈 수 있기를 원합니다.

"오직 우리 주 곧 구주 예수 그리스도의 은혜와 그를 아는 지식에서 자라 가라 영광이 이제와 영원한 날까지 그에게 있을지어다"(벧후 3:18).

많이 배우지 못했던 베드로가 믿음의 후배들에게 자라가라고 요청하고 있습니다.

돌아왔다면 여러분들의 '지정의'가 균형 있게 잘 성장할 수 있기를 간절히 바랍니다. 한쪽으로 치우치면 가분수가 됩니다. 마음

만 뜨겁거나 신비주의로 빠지면 안 되고 지정의로 겸비되어 잘 자라는 우리가 되기를 간절히 원합니다.

예수님께서 이 땅에 오신 목적은 이 땅의 믿지 않는 영혼들이 십자가를 통해서 구원받기를 원하시는 것입니다. 주님께서 이 구원의 역사가 너무 중요하기 때문에 이 땅에 오셔서 제자들을 세우셨습니다. 여러분이 구원받은 분이라면 제자가 되어서 이 땅의 수많은 백성을 구원하는 일에 쓰임 받을 수 있기를 간절히 원합니다.

　주님은 열두 제자와 함께 3년 동안 동고동락하며 섬기며 보여주며 가르치며 함께 했습니다. 그리고 주님은 떠나시면서 이 세상을 제자들에게 맡기셨습니다. 이들이 성령님과 함께 순종하고 또 순종하면서 지금까지 저와 여러분들이 복음의 역사 가운데 있게 되는 놀라운 축복이 있었던 것입니다.

　그렇다면 교사는 어떻게 섬겨야 할까요? 교사의 역할은 복음을 전하는 것입니다. 복음을 전할 때 믿지 않는 자가 돌아옵니다. 말씀을 똑바로 증거할 때 사람들이 살아나는 놀라운 역사가 있는 줄로 믿습니다. 복음이 아니면 이 땅에 구원받을 길이 없습니다. 필자는 여러분이 복음으로 무장하고 말씀으로 승부해서 복음으로 영혼들을 구원하고 말씀으로 영혼들이 잘 성장하는 일에 쓰임 받을 수 있기를 간절히 원합니다. 그래야 구원받을 수 있고 그래야 변화와 성장의 역사가 나타나는 줄로 믿습니다.

　'인도'와 '전도'의 차이점도 명확히 구분하시기를 바랍니다. 인도는 몸을 교회로 이끄는 것을 말합니다. 인도가 아주 중요합니다. 하지만 주님이 원하시는 뜻은 인도에 머무르면 안 됩니다. 몸이 교회에 왔다고 해서, 그것으로 끝나는 것이 아닙니다. 믿지 않는 자에게 복음을 전하여 영혼이 예수님을 만나는 것이 전도입니다.

　복음을 전해서 그의 영혼이 주님을 만나게 하는 것이 진정한 전도라는 사실을 기억하고 인도도 잘하시고, 인도된 영혼들을 바른 전도를 통해서 예수님 믿게 하는 역사가 있기를 간절히 원합니다.

여기에 저울이 있다고 생각해 보십시오. 한쪽에는 어른, 다른 한쪽에는 어린이가 있습니다. 어른과 어린이의 차이점은 무엇일까요? 키가 차이가 있고 몸무게의 차이가 있습니다. 그러나 영혼의 무게와 영혼의 가치는 똑같습니다. 하나님은 똑같이 영혼을 사랑한다는 사실을 기억하고 학생들을 소외시키지 말고 여러분의 학생들을 존중히 여길 수 있기를 간절히 소원합니다.

큰 초가 있고 작은 초가 있다고 생각해보십시오. 어른은 작은 초, 어린이는 큰 초입니다. 어린이는 타야 할 시간이 아직도 많이 남아있기 때문에 큰 초입니다. 여러분은 이미 많이 탔습니다. 그래서 지금 우리가 작은 초가 된 것입니다.

다음 세대 전도는 그의 영혼만 구원하는 것이 아니라 그의 일생을 구원하는 것입니다. 10세 때 주님을 만나면, 80세를 산다고 했을 때 70년은 하나님의 영광을 위해서 살아갈 수 있는 놀라운 축복의 도구가 되는 것입니다. 그러나 죄송하지만 70세 때 주님을 만나면 이제 10년밖에는 주님을 위해 살 수가 없습니다. 그러니까 다음 세대의 전도는 너무 중요합니다.

영혼뿐만 아니라 그의 일생을 구원할 수 있는 것이 다음 세대의 전도라는 사실을 기억하여 이 일에 쓰임 받는 우리가 되기를 간절히 소원합니다.

필자는 어린이들이 구원받는 역사를 많이 보았습니다. 어린이들을 전도할 때 눈물을 흘리면서 예수님을 영접하는 모습을 보았기 때문에, 어린이 전도에, 다음 세대 전도에 필자의 인생을 드리며 헌신했습니다. 어린이들도 얼마든지 예수님을 믿을 수 있습니다.

성경에는 어린이들이 주님 앞에 붙들려 쓰임 받은 사실이 많이 나옵니다. 예배했던 아벨, 그의 예배를 주께서 받아 주십니다. 기도한 사무엘, 하나님의 음성을 들었던 사무엘, 어린이였지만 주 앞에 붙들려 쓰임 받았습니다. 나아만 장군을 엘리사 선생님에게 인도했던 사람도 어린이였습니다. 포로로 잡혀 왔지만 기죽지 않고 내가 믿는 그 놀라운 복음을 함께 나눴습니다. 다윗, 다니엘, 다 청소년 시기에 주님 앞에 결단하고 쓰임 받았던 아름다운 인물들입니다. 오병이어의 놀라운 역사를 일으킬 수 있는 밀알로 쓰임 받았던 그 아이의 그 아름다운 모습을 상상해 보십시오.

어린이들을 무시하지 마시고 어린이들도 얼마든지 예수님을 믿을 수 있고 쓰임 받을 수 있다는 사실들을 기억하십시오. 어린이들도 주의 일꾼이기 때문에 잘 키워서, 정말 그들을 통해서 주님의 영광이 드러나도록 우리가 다 쓰임 받기를 간절히 소원합니다.

그렇다면 우리가 성경을 가르치고 교회학교를 운영하는 교육의 목표는 무엇일까요? 우리가 왜 이렇게 말씀을 함께 배우고 있을까요? 우리가 왜 교육을 지금 하고 있을까요? 교육의 목표가 무엇일까요? 그것은 바로 한마디로 말한다면 '변화'입니다. 여러분들이 변화시키는 교육을 할 수 있기를 바랍니다.

변화에는 두 종류가 있습니다. 왜 두 종류일까요? 두 종류의 사람이 있기 때문입니다. 믿지 않는 자에게는 영혼의 변화, 그리고 믿는 자에게는 삶의 변화가 필요합니다.

우리의 교육을 통하여 믿지 않는 영혼들이 주님 앞에 돌아와 놀라운 영혼의 변화가 일어날 뿐만 아니라 돌아온 영혼들이 우리의 섬김과 교육을 통해서 삶의 변화까지 일어나는 놀라운 역사가 있기를 간절히 소원합니다.

만약에 우리가 교육을 했는데 영혼들이 변화가 없다면 우리의 교육에 문제가 있는 것입니다. 그래서 점검을 해야 합니다. 말씀을 잘 듣고 있는지, 그 말씀을 마음에 기억하고 있는지, 변화되고 있는지를 살펴보아야 합니다. 기억나는 것이 없다면 순종할 수 없습니다. 변화될 수도 없습니다.

기억해야 순종할 수 있고, 순종해야 변화될 수 있습니다. 우리가 변화시킬 수는 없지만, 우리가 바른 교육을 통해서 기억하게 할 수만 있다면 그 학생은 삶 속에서 변화의 역사가 있을 것입니다.

기억을 잘하지 못하는 이유는 너무 많이 가르치기 때문입니다. 학생들을 앉혀놓고 꼼짝 못하게, 움직이지도 못하게, 입 다물게 하고, 기도, 봉사, 찬양, 승리, 이런 것만 요구하며 너무 많이 가르치고 있습니다.

필자가 어렸을 때는 비디오테이프를 사용했습니다. 비디오가 돌아가는데 빨리 감기 단추를 누르면 "삐지지지" 거리면서 빨리 돌아갑니다. 우리의 교육을 그런 식으로 하면 안 되는 것입니다. 그냥 많이만 가르치면 되는 것이 아니라 정확하게 가르쳐야 합니다. 정확하게, 기억할 수 있도록, 그래서 필자는 한 가지만 가르치자고 주장합니다.

여러 가지를 가르치지 말고 한 가지를 가르치면, 그 한 가지를 기억할 수 있고, 붙잡을 수 있고, 순종할 수 있고, 열매를 맺을 수가 있습니다. 한 가지로 승부하는 것입니다. 무엇을 하던 한 가지에 집중하는 것입니다. 그래서 저는 이것을 '다양성 속의 통일성 교육'이라 정의했습니다. '다양성 속의 통일성'을 기억합시다.

오늘의 핵심 주제가 무엇인지를 분명히 알아야 합니다. 그래서 그 주제에 맞춰서 함께 해야 결론이 맺어지고 목표를 향해서 달려 갈 수 있습니다. 우리가 예배드릴 때를 생각해보십시오. 찬양, 사회 자, 대표기도, 말씀도 듣고 분반 공부도 합니다. 주보도 있고 환경 장식도 있습니다. 이 모든 것이 통일성이 있어야 기억이 되는 것입 니다. 많이 가르치지 말고 하나만 가르칠 것을 기억하시고 통일성 을 이루어야 합니다.

예를 들어서 사회자가 주제를 알고 사회를 봐야 주제가 흘러갑 니다. 무조건 열심히 하는 게 좋은 것이 아니라 오늘 주제와 관련 이 있는 찬양 선곡을 하고, 찬양도 오늘의 본질이 무엇인지, 주제 가 무엇인지, 핵심 가르침이 무엇인지를 알고 연관된 찬양을 드릴 때 교육이 하나로 흘러가는 것입니다.

새가족이 오면 무조건 복음을 전해야 합니다. 복음 외에는 영혼 구원의 역사가 없습니다. 새가족에게 복음을 증거해서 주님을 만 나도록 하고, 믿는 학생들에게는 영적 교훈을 통일성 있는 교육을 통해서 그들이 잘 세워지도록 하는 은혜의 역사가 있기를 간절히 바랍니다.

그러면 우리의 분반 공부는 어떻게 해야 할까요? 교단 공과든 어떤 단체의 공과든 모든 공과의 구성은 같습니다. 과 제목이 나와 있고 서론에는 본문과 요절이 나와 있습니다. 그리고 주제 핵심 가르침, 오늘의 영적인 교훈이 나옵니다. 그것이 제일 중요합니다.

설교를 듣고 분반 공부시간에 또 한 번의 다른 설교를 하는 것은 안 됩니다. 그러면 두 개의 설교를 듣게 되는 것입니다. 분반 공부시간은 설교 시간이 아닙니다. 분반 공부시간은 나눔의 시간, 보완의 시간, 적용의 시간, 축복의 시간입니다.

첫 번째는 변화를 위해서 나눔의 시간을 합니다. 지식을 나누는 것입니다. 10~20분 들었던 설교 내용을 학생들이 한번 말해보게 하는 것입니다. 10초든, 20초든, 들은 설교 내용을 이해해서 지식을 정리할 수 있는 시간을 주어 도와줘야 합니다. 잘못이 있으면 수정을 해주고, 삶에 적용하여 그렇게 살아갈 수 있도록 축복 기도해 주는 것입니다.

그러면 적용을 어떻게 해야 할까요? 적용은 대상, 장소, 지체, 내가 오늘 들은 그 진리의 말씀을 핵심 한 줄로, 한 단어로도 말할 수 있어야 합니다. '사랑'이나, '순종'이나, '나라 사랑'이나, '효도'나, '충성'이나, '기쁨' 등으로 말입니다.

그 주제를 내가 선생님, 아빠, 엄마, 친구, 대상 누구에게 말해줄 것인지를 결정합니다. 집에서, 학교에서, 교회에서, 학원에서, 가정에서, 어디에서 전할지를 정합니다. 눈, 코, 입, 손발, 생각, 마음, 물질, 기도를 포함해서 어떤 지체로 무엇으로 할 것인가를 정합니다.

이것이 적용하는 방법입니다.

우리가 예배 설교 시간에 들었던 메시지를 분반 공부시간에 서로 나눔을 통해서 정리하고, 보완을 해주면서 정리합니다. 이 말씀을 내가 누구에게 전할 것인가, 어떻게 순종할 것인지 나눔으로 그 말씀을 실행할 수 있고, 순종하여 삶의 변화가 일어나는 놀라운 축복이 있다는 것입니다.

어디서, 어떻게 해야 할까요? 만약에 '사랑'이 주제라면, 아빠에게 사랑을 어떻게 표현할 것인가에 대해 아이가 고백하고 함께 말해보고 써 보면서 교사가 그 기도를 해주는 것입니다. 그가 적용한 이야기를 들으며 "하나님, 오늘 이 학생이 놀라운 사랑을 아빠에게 사용하기를 원하오니, 실천할 수 있도록 하나님께서 용기를 허락하여 주시옵소서"라고 축복기도 해주는 것입니다.

필자는 교사를 통해서 학생들이 매주 기도를 받고 집에 갈 수 있기를 바랍니다. 기도를 받고 자라는 학생과 기도를 받지 않고 자라는 학생은 다릅니다. 필자는 소리 높여 나눔의 시간, 보완의 시간, 그리고 대상, 장소, 지체를 통해서 적용하고, 그렇게 적용할 수 있도록 축복기도 해주는 시간이 바로 분반 공부의 4대 요소라고 주장하고 있는 것입니다.

다음 세대의 대안 교육 두 종류를 기억하십니까? 하나님의 뜻, 예수님이 오신 목적, 그렇다면 교사는 당연히 복음과 말씀으로 승부해서 구원과 성장의 역사를 일으킬 수 있어야 합니다.

큰 초, 작은 초 이야기를 꼭 기억하시고, 영혼의 무게와 영혼의 가치가 같다는 사실을 꼭 기억하십시오. 우리의 교육은 변화를 위해서 통일성을 이루는, 그리고 집중해서 가르치는 그 내용을 통해서 학생들의 변화의 역사, 구원의 역사, 아름다운 역사가 일어날 수 있기를 간절히 바랍니다.

여러분은 교사입니다. 목자입니다. 이런 것을 실천함으로 말미암아 힘을 잃어가는 다음 세대가 다시 한번 교사들을 통해 힘을 얻고 다음 세대가 비상하는 아름다운 축복이 있기를 주의 이름으로 간절히 응원하고 축복합니다.

다음 세대를 위한 대안,
은혜입니다

"내 아들아 그러므로 너는 그리스도 예수 안에 있는 은혜 가운데서 강하고 또 네가 많은 증인 앞에서 내게 들은 바를 충성된 사람들에게 부탁하라 그들이 또 다른 사람들을 가르칠 수 있으리라"(딤후 2:1-2).

필자는 인생을 살아가면서 부러운 사람들이 몇 분 계십니다. 돈 많은 사람은 조금 부럽지만, 그렇게 부럽지는 않습니다. 명예가 높은 사람도 그분은 그분이고 나는 나기 때문에 별로 부럽지 않습니다.

필자가 정말 부러운 대상이 있다면, 바로 신앙이 1대가 아니라 2대가, 3대가, 4대가, 5대가 되는 가정입니다. 얼마나 부러운지요!

어릴 때 목사님 자녀들, 장로님 자녀들, 모태신앙을 가졌던 분들이 얼마나 부러웠는지 모릅니다.

필자는 불신자 가정에서 태어났습니다. 그래서 뿌리 깊은 믿음, 흔들리지 않는 진국 신앙의 가정이 믿음을 전승하는 것이 얼마나 부러웠는지 모릅니다.

또 하나의 부러운 대상이 있다면 바로 교사입니다. 교사, 특별히 1년, 2년 하는 교사가 아니라 5년, 10년, 20년, 30년, 40년, 이렇게 오래 하는 분들이 부럽습니다.

제 인생 가운데 다음 세대를 만나게 하셨고, 다음 세대의 비전을 주셨으며, 다음 세대를 가슴에 품고 중단하지 않으며 직간접적으로 섬길 수 있도록 하신 것이 얼마나 감사하고 행복한지 모릅니다.

다음 세대 영혼들이 선생님을 보면서 "나는 저 선생님을 통해서 예수님을 믿었어. 저 선생님처럼 살아갈 거야. 저 선생님을 본받고 싶어"라고 하는 말을 들을 수 있는 존경받는 교사가 되시기를 축복합니다.

우리가 믿음의 바통을 받았다면, 그것을 다음 세대에 전수하여 그들이 바통을 붙잡고 믿음의 경주를 할 수 있다면, 하나님께서 오고 오는 세대 속에서 영광을 받으실 것입니다. 하나님은 알파와 오메가가 되시기에 우리 세대뿐만 아니라 다음 세대를 통하여도 영광 받으셔야 할 줄로 믿습니다.

사실 학교 교사들도 너무 귀합니다. 지식을 가르치고 꿈과 비전을 심고 인격을 형성하는 데 도움을 주는 실력 있는 교사들은 너무 귀한 분들입니다. 하지만 교회 교사는 영적인 은혜를 심습니다. 복음을 심는 분들입니다. 꿈과 희망을 심는 분들입니다. 우리를 만나는 아이들이 하나님의 백성이 되고, 이 땅 가운데 하나님의 영광과 나라를 위하여 쓰임 받는 영혼들이 되도록, 세상을 변화시키는 영적인 리더로 키우는 것입니다.

그래서 다음 세대를 키우는 교사는 너무너무 소중하고 위대한 사람이라고 생각합니다. 여러분 모두를 축복합니다. 이 세대는 아이들이 중요하지만 더 중요한 것은 부모세대이고 기성세대입니다. 우리가 성령 충만하고 우리가 살아나면, 우리가 만나는 수많은 사람이 살아날 줄로 믿습니다.

그런데 우리가 성령 충만하지 않고 망가진 인생으로 살아가면, 우리가 만나는 수많은 아이가 망가지고 맙니다. 문제는 우리가 문제입니다. 통로로 쓰임 받는 저와 여러분들이 정말 하나님 앞에 온전히 서서, 하나님의 은혜가 우리를 통해서 흘러가는 역사가 있기를 축복합니다.

교사는 참 상급이 큽니다. 주께서 얼마나 귀하게 여기시겠습니까! 그래서 교사는 영광스러운 직분이고, 영광스러운 하나님의 사람들인 것을 보게 됩니다. 여러분 모두가 교사이든 아니든 목자이든 셀장이든 간에, 여러분 모두가 스승이고 다음 세대에게 영향을 끼치는 소중한 사람이 될 수 있기를 축원합니다.

내가 망가지면 위험한 사람이 됩니다. 위험한 사람이 되지 말고 소중한 사람이 되십시오.

그런데 문제는 쓰임 받는 저와 여러분들이 하는 일들이 쉽지 않다는 것입니다. 교사의 사역을 감당하면서 열매가 맺어지고 변화가 일어나면 얼마나 좋겠습니까? 그런데 그것이 너무너무 힘듭니다. 시간을 투자해야 하고 물질을 투자해야 하지만 영혼들의 변화가 금방 나타나지 않습니다.

목회자 자녀인 저희 아이들이 눈만 뜨면 "오 주여, 오늘도 새날을 주셔서 감사합니다"라고 기도하고 말씀으로 하루를 시작하면 좋겠지만, 쉽지 않은 일입니다. 굉장한 인내와 하나님의 위로가 필요합니다.

하지만 이 땅에서 가장 가치 있는 일이라고 봅니다. 정말 여러분들이 주님의 걸어가는 이 길, 영혼 살리는 길, 다음 세대를 위한 이 놀라운 섬김의 일들을 지치지 말고 주께서 주시는 은혜로 말미암아 넉넉히 감당할 수 있기를 소원합니다.

본문은 이렇게 시작합니다. "내 아들아." 사도 바울은 결혼하지 않았습니다. 자식이 없습니다. 그런데 이렇게 말합니다. "내 아들아, 내 아들아." 사랑하는 디모데를 세우면서 "너는 내 아들이야, 영적으로 내 아들이야, 복음으로 낳은 내 아들이야"라고 말한 것입니다.

영적인 자녀를 많이 낳을 수 있는 여러분 될 수 있기를 소원합니다. 영적인 아비가 되는 것입니다. 내가 복음을 증거해서 저들이 나를 통해 주님을 만난다면 얼마나 큰 축복이겠습니까!

우리가 영적인 아비입니다. 교사의 직분을 감당하면서, 때로는 돈이 없어 간식은 못 사줄지라도, 재능이 없어 게임은 잘못할지라도, 또 율동을 못 할지라도, 이 땅의 수많은 영혼이 우리를 바라보며 "선생님 때문에 저는 예수님을 믿었어요"라는 고백을 들을 수 있게 되기를 축복합니다.

사랑하는 여러분, 여러분들을 통해서 영적인 자녀가 얼마나 배출되고 있습니까? 1년이 가고 2년이 가도 우리를 통해 역사가 일어나는 사람이 한 사람도 없다면, 정말 주님을 사랑하는 것 맞습니까? 정말 교회를 사랑하는 것 맞습니까? 주님이 나를 위해 피 흘리고 몸 버려 죽으셨는데, 이 지상명령인 복음을 증거하고 영혼을 구원하여 영적인 자녀들을 낳는 일에 아름답게 쓰임 받기를 간절히 축복합니다.

이 일을 감당하기 위해서 본문은 이렇게 말하고 있습니다. "그리스도 예수 안에 있는 은혜 가운데서 강하고."

디모데후서는 사도 바울의 13 서신 가운데 마지막 13번째 서신입니다. 디모데후서를 쓰고 순교를 한 것입니다. 마지막으로 쓰면서 부탁한 내용이 "내 아들아 그리스도 예수 안에 있는 은혜 가운데서 강하고"입니다.

강해야 쓰임 받습니다. 돈이 많은 게 강한 게 아닙니다. 권력 있는 게 강한 것이 아니라, 은혜 안에 있을 때 강해진다고 바울은 얘기하고 있습니다. 은혜 안에서 강해질 수 있기를 축복합니다.

필자도 여러분도 주의 은혜로 구원받았고, 주의 은혜로 사역자가 되었고, 주의 은혜로 쓰임 받게 되었고, 주의 은사와 재능과 능력과 지혜를 주셔서 감당하게 되었고, 은혜로 살아갑니다.

우리가 살아가는 거 은혜 아닙니까? 운전할 때 0.5초만 삐끗하면 바로 사고가 납니다. 지금 우리가 은혜로 살아가고 있는 줄로 믿습니다. 사역하고, 아이들을 지도하고, 맡겨진 직분을 감당하는 것은 오직 하나님의 은혜로만 가능합니다. 은혜의 특징은 강하고 견고함입니다.

목사님뿐만 아니라 여러분 모두가 하나님의 은혜를 경험하여 강한 군사로 일어날 수 있기를 축복합니다. 은혜로 감당해야 합니다.

여러분, 인생을 한번 돌아보십시오. 내 힘으로 여기까지 살아왔는지, 내 지혜로, 내 지식으로 살아왔는지, 그렇지 않습니다. 못났고 연약하고 부족했지만, 하나님께서 은혜를 주셔서 나를 들어주시고 다듬어 주셔서, 여기까지 온 줄로 믿습니다. 그렇다면 우리 남은 인생의 모든 사역은 하나님의 은혜가 주어져야 감당할 수 있지 않겠습니까?

내 입술을 주장하는 것도 주의 은혜가 있어야 하고, 내 마음이 불붙는 사명으로 충만해지는 것도 주의 은혜가 있어야 하고, 내가 누구를 만나는 것, 상대방 마음 문을 여는 것, 변화되는 것, 이 모두가 하나님의 은혜라는 사실을 믿습니다.

은혜가 있어야 교회가 평안합니다. 은혜 가운데 살아가고, 감격하고, 찬송하고, 함께 기뻐해야 합니다. 내가 하는 모든 일 속에 하나님의 은혜가 필요합니다. 새벽마다 주 앞에 엎드려 간구할 때 영감을 주시고, 은혜를 주시고, 지혜를 주셔서, 사역들을 감당할 수 있도록 도우시는 주님을 찬양합니다.

하나님께 받은 은혜를 다음 세대에게 흘려보내는 것이 기독교 교육입니다. 내가 만난 예수님, 내가 만난 그 은혜, 내가 주님을 섬겼더니 주께서 베푸신 감동과 감격을 우리의 다음 세대에게, 새가족들에게 흘려보낼 때 진짜가 나오지 않겠습니까!

지식으로 사람을 변화시키는 것이 아닙니다. 교리로 사람을 변화시키는 것이 아닙니다. 지식과 교리를 기본으로 하지만, 그 위에 성령의 기름 부으심이 있을 때, 주의 은혜가 덮어질 때, 하나님께서 사람들을 변화시키는 것입니다.

최고의 은혜를 받을 수 있는 통로가 바로 예배입니다. 예배를 통하여 영감 있는 찬양을 올려드리고, 말씀을 통해 주님의 음성을 듣고, 하나님의 비전을 보고, 소망을 품고, 내 죄를 발견하고, 돌이켜 새롭게 주 앞에서 결단할 수 있다면, 우리 인생 가운데 승리하는 역사가 일어날 줄로 믿습니다.

　은혜를 못 받으면, 은혜가 식으면, 말씀이 들리지 않습니다. 찬송을 해도 감격이 없습니다. 사역해도 힘이 없습니다. 은혜로 감당하는 사람의 얼굴에는 감사가 넘칩니다. 찬송이 넘칩니다. 그 얼굴에 환한 얼굴, 감동이 있습니다. 하지만 은혜가 떨어지면 불평하고 원망하고 지적하고 비판하고 비난하고 원망합니다. 우리는 은혜 아니면 살아갈 수가 없습니다.

　여러분은 다큐멘터리 '동물의 왕국'을 본 적이 있습니까? '동물의 왕국'을 보면 여러 종류의 동물이 많이 나옵니다. 그리고 가운데 통로처럼 강이 있습니다. 강 건너 먹이가 있습니다. 리더가 출발하면 나머지 떼들이 우르르 따라갑니다. 그런데 강에 아무도 없는 것 같아도 뭐가 있습니다. 잘 아시는 바와 같이 바로 악어입니다. 악어가 입을 벌리고 있습니까? 닫고 있습니까? 입을 다물고 다 잠수하고 있습니다. 아무도 없는 것처럼 말입니다. 이 세상도 마찬가지입니다. 아무도 없는 것처럼 보이지만 사단이 잠수하고 있습니다.

　그러다가 물소 떼들이, 얼룩말들이 300마리, 500마리, 1,000마리가 건너가면, 이 악어가 움직입니다. 악어가 영성이 있습니다. 누가 믿음이 떨어진 지 다 압니다. 얼룩말 중에서 누가 비실비실한지, 은혜가 떨어졌는지, 누가 불평이 많은지, 누가 예배를 안 드리는지, 기도 생활 안 하는지 다 압니다. 그래서 악어가 갑자기 뒤처진 얼룩말의 목덜미를 확 잡습니다. 그리고 잠수를 합니다. 우리의 세상도 마찬가지입니다. 우는 사자같이 대적 마귀가 두루 다니며 삼킬 자를 찾고 있습니다. 믿음을 굳게 하여 대적해야 합니다.

그래서 우리가 예배시간에 졸다 가면 안 됩니다. 하나님의 은혜를 경험하고 가셔야 합니다. 무장하셔야 합니다. 어떤 악의 세력이 온다고 할지라도 하나님의 은혜로 물리칠 수 있기를 축복합니다.

어른들은 은혜받을 수 있는 공간과 기회가 많습니다. 음악을 틀어도 CCM을 듣고, 찬송가를 듣고, 신문을 봐도 국민일보를 보고, TV를 틀어도 CTS, CBS를 봅니다. 이런데도 은혜를 못 받으면 안 됩니다.

그런데 아이들은 은혜를 받을 기회가 많이 없습니다. 새벽예배도, 국민일보도, 극동방송도 잘 안 듣습니다. 우리 아이들이 은혜를 깊이 경험하지 않으면, 이 세상 사는데 승리하기가 굉장히 어렵습니다.

정말 어른 예배뿐만 아니라, 교육부서 모든 예배 속에도 하나님의 은혜가 흘러가기를 간절히 소원합니다. 은혜가 있어야 강해지는 것입니다. 강해지는 것은 힘이 세지는 게 아니라 담대해지는 것입니다. 겸손해집니다. 부끄러워하지 않습니다. 두려워하지 않습니다. 은혜가 있기 때문입니다. 그런데 은혜가 없으면 사람에게 아부하고, 사람 눈치 보고, 부끄러워하고, 두려워하고, 그렇게 살아가는 것입니다.

은혜가 임하면 당당할 수 있습니다. 주님이 나를 붙들고 있으니까 강하게 됩니다. 확신 가운데 설 수 있는 축복을 보게 됩니다. 필자는 여러분들이 은혜 가운데 살아가고 떨어지지 않기를 축복합니다.

어떤 고난이나 어려움이 문제가 아닙니다. 하나님이 주시는 은혜의 수위를 높이면 다 지나가는 것입니다. 은혜의 수위를 높이는 것입니다. 그래서 누가 나를 욕하고 비난해도 수용할 줄 알고, 이해할 줄 알고, 원수를 원수로 갚지 않고, 사랑하고 용서하고 축복할 수 있는 은혜의 인생 되기를 축복합니다.

본문 2절의 말씀을 보면, 사도 바울은 디모데에게 내게 들을 바를 충성된 사람들에게 부탁하라고 명하고 있습니다. 그리고 충성된 사람들은 또 다른 사람을 세우라는 것입니다. 믿음의 계보가 중단되지 아니하고 충성된 사람에게서 또 다른 사람에게로 이어지게 하라고 주님께서 오늘 우리에게 말씀하고 계십니다.

사랑하는 여러분, 믿음의 대가 중단되지 않고 하나님의 명문 가정으로 신앙의 대를 이어갈 수 있기를 축복합니다. 우리의 자녀세대가 우리 세대보다 더 큰 세대로 세워지고, 예배 세대로 세워지고, 부흥의 세대로 세워지는 역사가 여러분 가문 가운데 나타날 수 있기를 축복합니다.

다음세대를 살리는 교사

자녀들이 교회를 떠나는 시대가 되고 말았습니다. 우리 한국교회에 청년대학부, 청소년들, 어린이들이 사라지고 있습니다. 우리나라 복음화율이 4%입니다. 3%는 미전도종족입니다. 또 선교사를 받아야 할 때가 된 것입니다.

우리 교회 중에 한 교회가 잘된다고 만족해서는 안 됩니다. 우리의 다음 세대에게 이 복음이 흘러가야 합니다. 사도 바울에게서 디모데에게, 디모데에게서 또 다른 세대에게 넘어가야 합니다. 믿음의 바통을 받았다면, 기다리는 영혼들이 있기에 내가 전해야 합니다. 수많은 영혼이 우리를 바라보면서 복음을 들려달라고 외치는 소리를 들어야 하지 않겠습니까?

다음 세대에게 복음을 전해주는 일을 우리가 무시하면 큰일이 납니다. 필자도 30여 년 전부터 외치고 다녔습니다. 10년 전부터 각 교단에서도 다음 세대를 외치고 다닙니다. 그런데 우리가 플래카드 써놓는다고 되는 일이 아닙니다. 이게 보통 수준으로 한다고 되는 일이 아닙니다.

우리의 수고가 헛되지 아니하고, 하나님께서 은혜를 주셔서, 우리의 다음 세대에게, 자녀세대에게 복음이 전달되어, 이 아름답고 멋진 교회가 지금보다 10년 후, 20년 후가 더 밝은 교회가 되길 원합니다.

50년이 지나서 우리 교회가 없어지면 안 됩니다. 지금 가장 좋지만 지금보다도 미래가 더 좋은 교회로 세워져야 합니다. 그렇게 하려면 다음 세대를 세우고 섬겨야 합니다. 수많은 영적인 자녀를 낳지 않으면 그 일이 어떻게 가능하겠습니까?

사랑하는 여러분이 은혜 안에서 강하여지고, 세상을 변화시키는 영적인 리더들을 배출할 수 있기를 간절히 소원합니다.

옛날에는 미전도 종족을 북위 10도~40도에 모여있는, 10/40 창문 지역이라고 말했습니다. 그런데 세계 운동 변혁가인 루이스 부시는 10년 전부터 10/40 창문 지역이 아니라, 나이를 강조했습니다. 나이, 4/14 운동. 만 4세부터 14세까지 집중적으로 전도해야 세계와 한국교회와 미래교회에 희망이 있다고 말하는 것입니다.

자녀교회는 선택사항이 아니라 필수사항입니다. 우리나라의 미래가 다음 세대 손에 달려있습니다. 믿음의 유산을 물려주는 이 일에 실패하지 마시고 잘 감당하여 우리 교회에 은혜의 역사, 부흥의 역사가 있기를 주 예수 그리스도의 이름으로 축원합니다.

다음 세대를 위한 대안,
아이 사랑입니다

"그 때에 제자들이 예수께 나아와 이르되 천국에서는 누가 크니이까 예수께서 한 어린 아이를 불러 그들 가운데 세우시고 이르시되 진실로 너희에게 이르노니 너희가 돌이켜 어린 아이들과 같이 되지 아니하면 결단코 천국에 들어가지 못하리라 그러므로 누구든지 이 어린 아이와 같이 자기를 낮추는 사람이 천국에서 큰 자니라 또 누구든지 내 이름으로 이런 어린 아이 하나를 영접하면 곧 나를 영접함이니 누구든지 나를 믿는 이 작은 자 중 하나를 실족하게 하면 차라리 연자 맷돌이 그 목에 달려서 깊은 바다에 빠뜨려지는 것이 나으니라 실족하게 하는 일들이 있음으로 말미암아 세상에 화가 있도다 실족하게 하는 일이 없을 수는 없으나 실족하게 하는 그 사람에게는 화가 있도다 만일 네 손이나 네 발이 너를 범죄하게 하거든 찍어 내버리라 장애인이나 다리 저는 자로 영생에 들어가는 것이 두 손과 두 발을 가지고 영원한 불에 던져지는 것보다 나으니라 만일 네 눈이 너를 범죄하게 하거든 빼어 내버리라 한 눈으로 영생에 들어가는 것이 두 눈을 가지고 지옥 불에 던져지는 것보다 나으니라 삼가 이 작은 자 중의 하나도 업신여기지 말라 너희에게 말하노니 그들의 천사들이 하늘에서 하늘에 계신 내 아버지의 얼굴을 항상 뵈옵느니라"(마 18:1-10).

애완견 훈련사들이 말하기를 동물을 너무 편애하거나 과잉보호하거나 방치하거나 기분 나쁘다고 구타하고 학대하면 동물들도 안답니다. 나중에 동물들도 어미를 거역하고 사나워지며 사람들을 물게 되고, 비정상적으로 바뀌게 되고 결국 주인을 떠나가고 싶어하고 도망가고 만답니다.

사람도 마찬가지입니다. 우리의 잘못된 교육, 잘못된 사랑이 결국엔 아이들을 망치게 되고 건강하고 바르게 성장하지 못하게 합니다. 자녀를 사랑하는데, 어떻게 하면 말씀 중심으로, 하나님이 원하시는 방법으로 자녀들을 잘 키울 수 있을까요?

예수님은 이 땅에 사시면서, 특별히 다음 세대 아이들, 자녀들을 사랑하셨습니다. 관심이 있으셨고 무시하지 않았고 안아주고 축복하셨고 안수하셨고 은혜를 베풀어 주셨습니다. 그래서 본문을 통해 우리가 어떻게 예수님처럼 사랑할 수 있는지를 살펴보겠습니다.

"그 때에 제자들이 예수께 나아와 이르되 천국에서는 누가 크니이까"(마 18:1).

'그 때에'는 16-17장의 배경입니다. 17장에서 예수님은 베드로와 야고보와 요한을 데리고 변화산에 올라가셨습니다. 그리고 예수님의 모습이 변화되었습니다. 베드로가 그 광경을 바라보고 초막 셋을 짓고 살자고 대화하는 모습이 나오고 있습니다. 예수님의 그 고난을 말한 때입니다.

"죽임을 당하고 제 삼일에 살아나리라 하시니 제자들이 매우 근심하더라"(마 17:23).

변화산의 기적적인 모습을 통해서 예수님은 제자들과 함께 대화하고 있었습니다. 세 제자와 같이 있지 못했던 다른 제자들이 이 모습을 바라보고 말합니다. "예수님, 천국에서 누가 큽니까?" "이 세상에서도 베드로와 함께 얘기하는데 베드로가 정말 큰 사람입니까?" 이렇게 질문하는 겁니다. "세 명의 제자들 말고 다른 제자들도 천국에서 큰 사람 아닙니까?" 이렇게 질문을 하는 것입니다.

　이런 질문을 통해서 주님은 어린이의 가치를 선명하게 가르치고 있습니다. 주님은 하나님 나라에 대한 가치, 우리가 이 땅에서 어떤 가치로 살아가야 할 것인가에 대한 부분들을 2-4절에서 말하고 있습니다.

　"이르시되 진실로 너희에게 이르노니 너희가 돌이켜 어린아이들과 같이 되지 아니하면 결단코 천국에 들어가지 못하리라 그러므로 누구든지 이 어린아이와 같이 자기를 낮추는 사람이 천국에서 큰 자니라"(마 18:3-4).

　주님은 천국에서 큰 자에 대한 가치를 정확하게 말씀하십니다. 어린아이와 같은 자가 천국에서 큰 자가 된다는 것입니다. 어른들처럼 늘 생각이 복잡하고, 이것저것 재고, 자기 이익을 위해서 살아가고, 자기 욕심에 이끌려 살아가는 세상적인 가치가 아닌, 어린아이들과 같은 가치가 천국에서는 큰 가치라고 말하는 것입니다.

　필자는 사랑하는 우리 교회들이 하나님의 가치에 따라서 살아갈 수 있기를 축복합니다. 필자는 우리 아이들이 이 땅에서 살아가면서 어릴 때부터 하나님을 만나고 예수님을 만나서 예배에 대한 가치가, 하나님을 사랑하는 가치가 얼마나 큰지를 알고, 하나님의 가치로 이 세상을 바라보고, 하나님의 가치로 물질을 바라보고, 하나님의 시각으로 시간 관리를 하고, 하나님의 가치로 꿈을 꾸는 자들로 자라날 수 있다면, 하나님 나라의 위대한 인물이 될 줄로 믿습니다.

우리는 세상의 가치로 가득 차 있습니다. 예수님 믿는 사람들도, 저 역시도 그렇지 않다고 보장할 수 없을 것입니다. 세상 사람들과 똑같은 가치로 아이들을 바라봅니다. "너, 1등 해야 해. 좋은 데 취직해야 해. 결혼 정말 잘해야 해"라고 하며 세상의 가치로 부모들이 자녀들을 대하고 있습니다.

하지만 주님은 어린아이와 같이 되지 않으면 천국에 들어가지 못한다고 말씀하십니다. 아이들이 천국에 들어간다는 것이 아니라, 아이들 같은 가치가 있을 때, 아이들이 주님 앞에, 부모 앞에 나오는 것처럼 순수하고 겸손하게, 정직하게 나오고, 부모님을 신뢰하고 믿고 따르고 안기는 것처럼 우리의 믿음과 삶이 변하기를 하나님이 원하신다는 것입니다.

필자는 우리 부모들이 자녀들과 대화를 할 때 세상적인 가치로 대화하지 말고 하나님의 가치로 대화하길 바랍니다. "난 네가 예배하는 모습이 너무 아름다워, 난 너희들이 앞에 나와서 찬양하는 모습을 볼 때마다 정말 기쁘고 자랑스럽고 감격스러워. 너, 그렇게 평생 예배자로 살지 않겠니? 우리는 너를 축복해, 너를 사랑하는

데, 정말 예수님을 사랑했으면 좋겠어."

그리고 삶으로 보여주는 것입니다. 내가 삶으로 보여주지 않는데 어떻게 우리 아이들이 주님을 따라올 수가 있겠습니까? 끝까지 우리 아이들이 믿음 가운데 살도록, 은혜 가운데 살도록, 우리가 그렇게 가르치고 모범을 보일 때, 눈물 흘리며 훈계를 할 때 나중에 큰 은혜 가운데 거하는 축복이 있을 것입니다.

여러분들의 소원을 묻겠습니다. 사랑하는 부모들이여, 기성세대들이여, 여러분의 소원은 다음 세대 아이들이 하나님 앞에 거룩한 제자들로 믿음으로 온전하게 세워지기를 원하십니까? 진짜 원하십니까?

여러분이 자녀들을 하나님의 사람으로 키우길 원하신다면, 예수님이 아이들을 바라보는 가치, "천국에서 누가 큰지 아느냐?"고 물어보아야 합니다. 이 세상에서 인기 많고 출세하고 세상적으로 1등하고, 월급 많이 받는 그런 자가 천국에서 큰 자가 아니라, 언제나 순결하고 정직하고 순수하고 주님을 신뢰하고 겸손하게 주님을 따라가는 자가 천국에서 큰 자라고 말해주어야 합니다.

우리의 가치가 성경적인 가치로, 예수님의 가치로 변화되어야 우리 아이들이 중심을 그리스도께 잡고 성경을 의지하며 믿음으로 설 수 있지 않겠습니까?

아이들이 믿음 안에서 떠나지 않으며, 은혜 안에 온전히 거하며 주님을 최고로 사랑할 수 있는 아이들로 키우고 가르치고 섬기고, 세울 수 있는 자세와 마음이 있기를 소원합니다. 출세의 가치가 아니고, 돈의 가치가 아니고, 세상적인 성공의 가치가 아니라, 하나님의 나라의 가치를 품어야 합니다. 하나님의 가치들이 줄어든다면 평생 후회합니다. 반드시 후회할 때가 옵니다. 나중에 출세하고 좋은 대학 가서 결국엔 믿음 다 져버리면 무슨 소용이 있겠습니까?

우리 미래의 다음 세대가 영적으로 풍성한 세대로, 하나님을 예배하는 세대로, 찬양하는 세대로 세워져야 합니다. 교회에 나오는 것이 정말 어렵고, 찬양은커녕 오히려 교회를 핍박하고 반대하는 안 믿는 사람들이 나를 통해서 나오면 어떡하겠습니까? 머리로는 알지만 가슴이, 마음이, 주님을 못 만나면 결국 타락한 인간으로 살 수밖에 없는 것입니다.

우리가 늘 "주님, 이 땅 가운데 하나님이 임하사 주님이 다스리시고, 주님이 통치하시는 세상을 보기를 원합니다"라고 고백하지만, 결국은 하나님의 권세가 통치하기보다는 땅의 권세가 통치하기를 원하는 이 세상적인 가치를 부모들의 마음속에 더 크게 품고 있다면, 주님의 사랑과 역행하는 것입니다. 반대로 가고 있는 것입니다.

"누구든지 나를 믿는 이 작은 자 중 하나를 실족하게 하면 차라리 연자 맷돌이 그 목에 달려서 깊은 바다에 빠뜨려지는 것이 나으니라. 실족하게 하는 일들이 있음으로 말미암아 세상에 화가 있도다. 실족하게 하는 일이 없을 수는 없으나 실족하게 하는 그 사람에게는 화가 있도다"(마 18:6-7).

여기서 계속해서 나오는 단어, 정말 우리의 가슴을 치는 단어가 '실족'이라는 단어입니다. 어른들도 많이 실족하지 않습니까? 아이들도 얼마나 실족하겠습니까? 주님은 이 '실족'이라는 단어를 아주 무겁게 다루고 있습니다. 도대체 이 '실족'이라는 단어가 본문에 어떻게 쓰였을까요?

우리가 교회 생활을 하다가, 신앙생활을 하다가 조금 마음에 안 들고 상처받는 것을 '실족'이라고 하지 않습니다. 본문 결론에 해당하는 14절은 이렇게 말합니다.

"이와 같이 이 작은 자 중의 하나라도 잃는 것은 하늘에 계신 너희 아버지의 뜻이 아니니라"(마 18:14).

'실족'은 '구원'과 관련이 있습니다. 우리 아이들이 믿음 가운데 온전히 서지 못하고 믿음에서 탈락할 때, 구원을 못 받고 자라날 때 이것이 진짜 '실족'이라고 말하는 것입니다.

한 영혼이 구원받지 못하고 믿음의 자리에서 탈선하는 것, 그

탈선이 일어나게 하는 것이 실족입니다. 그래서 실족이라는 단어는 헬라어로 '스칸달리조' 라고 합니다. '스칸달리조'의 어근은 '스캔들'입니다. 진짜 '스캔들'은 믿음에서 떠나 구원받지 못하는 것, 이것이 최고의 '스캔들'인 것입니다. 우리 아이들을 탈선시키고, 믿음으로 살아가지 못하게 하는 것이 바로 자녀들을 실족시키는 것입니다.

사랑하는 기성세대 부모 여러분, 자녀들을 구원으로 인도하고 있습니까? 실족으로 인도하고 있습니까?

우리 자녀들은 부모를 다 보고 있습니다. 부모들을 다 알고 있습니다, 부모가 진짜 직분자인지, 가짜 직분자인지 다 알고 있습니다. 우리의 말하는 것으로 듣지 않고 우리의 행동을 그들은 보고 있습니다. 삶의 현장 속에서 어떻게 부모가 믿음 가운데 살고 있는지, 부모가 신앙을 어떤 가치로 여기고 있는지, 최상의 가치로 여기고 있는지, 최하의 가치로 여기고 있는지, 아이들이 보고 있다는 것입니다.

예배를, 기도를, 찬양을, 주님을, 큐티를, 남을 사랑하는 것을, 섬기는 것을 정말 귀중한 가치로 부모가 여기고 있는지, 아니면 세상 사람들과 똑같은 가치로 그렇게 살아가고 있는지를 아이들이 다 보고 있는 것입니다. "나는 부모님의 신앙을 따르지 않을 거야" 라고 혹시 말한다면, 그들이 믿음에서 실족하고 있다고 본문은 말하고 있습니다.

사랑하는 여러분, 부모가 신앙으로, 부모가 주님을 주님으로 인정하고 살아가는 모습들을 통해서 자녀들이 주님을 사랑하게 될 것입니다. 기도하는 부모를 통해서 자녀들이 기도하는 자녀들로 세워지는 역사가 나타나는 것입니다.

부모가 예배를 어떤 것보다 소중히 여기는 가치로 집중하고 나아갈 때, 결국 아이들은 '예배는 소중해! 세상 어떤 것보다 예배는 소중해'라고 마음판에 새기게 되는 것입니다. 주일에 무슨 일이 있어도 주일을 성수하며, 주님을 찾고, 엎드리며 찬양하는 모습이 자녀들에게 전달됨으로 말미암아 아이들이 무슨 일이 있어도, 월요일에 시험이 있어도 주일은 예배하는 날이라는 것이 마음에 잘 박혀서 결국 주님을 떠나가지 않는 아름다운 역사가 있을 것입니다.

우리에게 책임이 있습니다. 그래서 우리가 정말 자녀들과 다음 세대를 바라보며 실족의 원인으로 쓰임 받고 있는지, 아니면 축복의 통로로 쓰임 받고 있는지를 생각해 봐야 합니다.

"또 누구든지 내 이름으로 이런 어린 아이 하나를 영접하면 곧 나를 영접함이니"(마 18:5).

주님은 어린이에 대한 가치를 어마어마하게 두고 있습니다. 아이들을 영접하는 것을, 아이들을 환영하는 것을, 아이들을 안아주는 것을, 정말 주님을 사랑하고, 주님을 영접하는 것이라고 성경은 말해주고 있습니다. 주의 이름으로 영혼들을 사랑하고 품는 것은 주님을 영접하는 것이라고 말씀하십니다.

제가 교사 세미나를 할 때 보여주는 그림이 있습니다. 저울 한편에는 제 캐리커처 사진을 올려놓고, 한 편엔 아이의 사진을 올려놓았습니다. 그리고 맨 아래는 이런 글을 적어놨습니다. "영혼의 무게와 영혼의 가치는 같습니다." 목사의 가치가 더 큰 게 아니고, 하나님이 보실 때는 어른의 가치나 아이의 가치, 영혼의 가치에서는, 영혼의 무게에서는, 다르지 않고 같다는 것입니다.

"삼가 이 작은 자 중의 하나도 업신여기지 말라 너희에게 말하노니 그들의 천사들이 하늘에서 하늘에 계신 내 아버지의 얼굴을 항상 뵈옵느니라"(마 18:10).

주님은 본문에서 이렇게 말씀하십니다. "아이들을 업신여기지 말라. 그들의 천사들이 내 아버지의 얼굴을 항상 뵙기 때문이다." 아이들에게는 수호천사가 있다고 말합니다. 아니, 모든 사람에게 마찬가지입니다. 아이들에게 천사가 있는데, 그 천사가 누구냐? 그 천사는 바로 하늘에 계신 내 아버지의 얼굴을 항상 뵙고, 그 천사는 주님 앞에 보고하고, 그 천사는 주님과 대화하고 교제하는데, 아이에 대해서 한다는 것입니다.

이 말은 무슨 말입니까? 아이들이 소중하다는 것 아니겠습니까? 우리가 아이들을 무시하는 것은 그를 창조하시고 그를 만드신 하나님을 무시하는 것입니다.

'어린이'라는 단어의 의미는 '어리신 이'라는 뜻입니다. 어린이가 무슨 뜻이라고요? '어리신 이' 어린이를 높여 부르는 말입니다. '어린 분'의 존칭어입니다. 아주 굉장히 중요한 말입니다.

100년, 200년 전에는 이 어린이라는 단어가 없었습니다. 어떤 단어가 있었냐고요? '이놈'입니다. 여자아이를 부르는 단어는 적지 않겠습니다. '어린이'는 생긴 지 얼마 안 됐습니다.

본문은 2천 년 전에 기록되었습니다. 그때는 어린이가 어린이가 아니고, 자녀가 자녀가 아니고 완전히 부속물처럼 취급받을 때입니다. 사람 명수를 셀 때도 포함되지 않았을 때입니다. 그런데 주님은 아이들을 존중하시고 사랑하시고 인격적으로 대하시고, 저들을 영접하십니다.

그러니 우리가 '이 아이들이 하나님의 사람이다. 하나님의 형상으로 지음 받은 존재다'라고 인식하고 그들을 끌어안을 마음이 있어야 합니다. 사실 자녀교육만큼 쉽지 않은 것이 없는 것 같습니다. 그래서 우리는 최선을 다해야 합니다.

우리가 자녀들의 교육을 완전하게 다 하기는 어렵지만, 최선을 다해서 부모와 기성세대가 다음 세대를 향해서 올바른 방향을 저들에게 제시할 수 있어야 합니다. 최선을 다해서 우리가 모범을 보여야 하고, 그리고 주님께 부탁해야 합니다.

"하나님! 하나님께서 천사를 보내시고 은혜를 부어주셔서, 우리의 부족함을 채우시고, 우리 아이들을 선한 길로 인도하여 주시옵소서."

우리가 다 할 수는 없지만, 우리 아이들의 올바른 안내자의 역할은 부모가 감당해야 한다는 것입니다. 그래서 그들이 어디로 가고 있는지, 어디로 가야 하는지, 어디로 비상해야 하는지를 우리 아이들이 알게 해야 합니다. 가치를 심어주는 것입니다. 하나님 나라의 가치를! 그것을 위해서 우리는 고민해야 하고, 노력해야 하고, 투자해야 한다는 것입니다.

시편 127편에 자녀를 향한 아름다운 말씀이 있는 것 아시지요?

"여호와께서 집을 세우지 아니하시면 세우는 자의 수고가 헛되며 여호와께서 성을 지키지 아니하시면 파수꾼의 깨어있음이 헛되도다"(시 127:1).

하나님이 도와주셔야 합니다. 하나님을 제외하고, 여기저기 학원 보내며 투자하는 것이 전부가 아닌 줄 알아야 합니다. 특별한 은혜로 하나님이 우리 자녀들을 지켜주시기를 소원합니다. 하지만 우리도 최선을 다해야 합니다. 그가 어디로 지금 걸어가고 있고, 어디로 향해서 갈 수 있는지, 앞을 향한 미래의 깃발을 흔들어 주어야 합니다. 부를 노래를 심어주어야 합니다.

"보라 자식들은 여호와의 기업이요 태의 열매는 그의 상급이로
다"(시 127:3).

자식이 '여호와의 기업'이라는 것입니다.

"젊은 자의 자식은 장사의 수중의 화살 같으니"(시 127:4).

우리 아이들이 다음 세대, 미래를 향해서 나아갈 화살입니다.
큰 소리로 외쳐 보겠습니다. "아이들은 화살이다."

아이들이 쫙 미래를 향해서 나아가는 것입니다. 아직은 부모에
게 붙어 있을 것입니다. 부모는 '활', 자녀는 '화살'입니다. 하나님
은 '사수'입니다. 하나님께서 이 화살을 쏘기 원하십니다. 사수가
화살을 쫙 쏘기를 원하는데, 그 화살은 어떻게 전진하고 나갈 수
있느냐 하면 활에 의해서 그 화살이 바른길로 가느냐 떨어지느냐,
옆으로 가느냐가 결정됩니다. 사수도 중요하지만 활도 중요합니
다.

때로는 부모가 굽어져야 하고, 준비시켜야 하고, 사수의 의도대
로 화살이 올바른 비전과 올바른 미래를 향해서 날아갈 수 있도록
정조준을 해야 합니다. 이 활이 흔들리면 화살이 흔들립니다. 중심
을 부모가 잡고 하나님의 사람으로 키워야 합니다.

하나님이 도우신다는 확실한 믿음을 가지고, 다음 세대가 하나님의 사람으로 클 때 부모에게 최고의 기쁨이 있기를 원합니다.

이 아이들이 주님을 만나는 것이 부모의 최고의 기쁨이 되기를 원합니다. 우리 아이들이 올바른 방향으로 날아가며, 어디를 향해서 뛰어가야 할지를 분명히 알 수 있도록 부모가 바로 잡아주고, 세워주어야 합니다. 그러면 다음 세대가 믿음의 세대로 굳건하게, 당당하게, 이 땅 가운데에서 요셉처럼, 다윗처럼 주님 앞에 설 줄로 믿습니다.

주님의 가치를 붙잡고 살아가면, 혼란스러울 수도 힘들 수도 있을 겁니다. 세상에서 출세하고 수석을 하고 엄청난 연봉 때문에 기뻐하거나 자랑하지 말고, 우리 아이가 하나님의 사람으로 어떻게 커가고 있는지, 우리 아이가 하나님의 사람으로 자라는 것을 기뻐하며 자랑하며 간증하며 하나님의 도우심을 구하는 거룩한 부모들이 될 수 있기를 축복합니다.

어린이성령캠프

Spark

교회와 다음 세대를 세우는 가슴 뛰는 꿈

모든 사람이 그렇지만, 저에게도 꿈이 있습니다. 누가 저에게 당신의 가치가 무엇이냐고 물어보면 '복음', '다음 세대', '교회' 이것이 제 마음을 사로잡고 제 인생을 던지게 한 가장 소중한 가치라고 대답할 것입니다.

정말 이 땅에 교회들이 잘 세워지고 다음 세대가 일어나기를 바라는 간절한 마음이 있습니다. 제 마음속뿐만 아니라, 여러분의 마음속에도 있는 줄로 압니다. "교회가 안 된다. 교회가 박물관이 된다. 고령화가 된다. 교회에 다음 세대가 없다. 60% 이상의 교회에 주일학교가 아예 없다"라는 이야기를 들으면 저는 견딜 수가 없습니다. 이 땅의 모든 교회가, 여러분의 교회가 성령으로 건강하고 견고하게 세워지고, 특별히 미래를 준비하는 다음 세대가 강력하게 일어날 수 있기를 간절히 축복합니다. 교회는 그리스도의 몸입니다. 교

회는 그리스도의 신부입니다. 하나님에게는 교회가 전부입니다. 주님과 교회는 떼려야 뗄 수 없습니다. 주께서 이 땅을 축복하시길 원하십니다. 교회를 통해서 일하십니다. 교회를 통해서 역사하십니다. 정말 교회가 잘 세워지는 은혜의 역사가 있어야 하지 않겠습니까?

필자의 교회는 이런 비전이 있습니다. 하나님의 교회가 먼저, 한국교회가 건강하게 잘 세워지는 교회가 되기를 간구합니다. 큰 교회가 아니라 견고한 교회로, 말씀과 성령으로 건강한 교회가 되기를 바라는 마음이 있습니다.
그래서 우리 교회만을 위한 교회가 아니라, 이 도시를 섬기고, 한국 땅을 섬기고, 선교지, 열방을 섬기는 교회가 되었으면 좋겠다는 비전을 품고 조금씩 하고 있습니다. 우리가 잘해서 그런 것이 아니라 부족하지만, 함께 나누고 싶어서 스파크를 진행하게 되었습니다.

충정교회는 지금 창립한 지 44년이 되었습니다. 초창기부터 사명자를 세우는 교회로 초대 목사님께서 이 교회를 설립하셨습니다. 그래서 33년 동안 '사명자 성회'를 하셨습니다. 그래서 청소년들이 이곳에서 은혜를 경험하고, 헌신하고, 주의 종들이 많이 배출된 교회였습니다.

그런데 제가 오기 전, 이 교회가 다음 세대를 세우는 사역을 중단하고 있었습니다. 그런데 필자는 사실 대한예수교장로회 통합측 목사가 아님에도 불구하고 장로님들이 필자와 같이 교제하면서 2012년

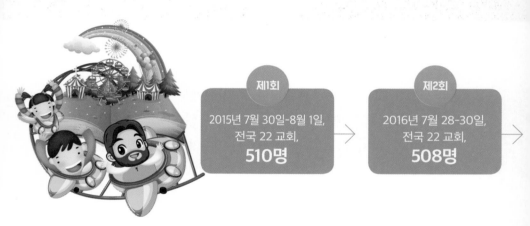

제1회
2015년 7월 30일-8월 1일,
전국 22 교회,
510명

제2회
2016년 7월 28-30일,
전국 22 교회,
508명

4월 15일에 이 교회로 부임하게 되었습니다.

필자는 다음 세대를 위해서 인생을 바친 사람이고, 평생 어린이 사역을 해왔던 사람이고, 어린이 캠프도 20년 정도 했던 사람이었습니다. 때로는 몇십 명부터 몇천 명까지 어린이 캠프를 섬겨왔습니다. 이렇게 다음 세대를 위한 사역자와 다음 세대를 준비하는 교회

의 만남이 이루어졌던 것입니다.

우리 교회가 우리만을 위한 교회가 아니라 섬기는 교회, 우리가 큰
교회이기 때문이 아니라, 부족하고 작지만 나누고 섬기는 교회가
되기를 원하고 있습니다. '교회에 주신 비전은 무엇인지? 담임목사
에게 주신 비전은 무엇인지? 은사가 무엇인지?' 생각해 보았습니
다. 그리고 기도했습니다. "하나님, 우리가 한국과 열방, 교회와 다
음 세대를 어떻게 섬길까요?" 고민하고 기도하는 중에 교회 장로님
들과 회의하면서 '스파크 어린이 성령캠프'를 통해서 한국 교회와
다음 세대를 섬기자고 결정한 것입니다.

옛날부터 섬겨온 청소년을 살리는 '사명자 성회'를 계승하고 발전
시켜서 스파크를 통해 한국 교회를 섬기고 다음 세대 어린이를 섬
기기로 했습니다. 결정하고 지난 5년 동안 한국 교회와 다음 세대를
작게나마 섬기고 있습니다.

필자의 오랜 기도 제목이 있었습니다. 30여 년 전 '어린이전도협회'

라는 선교단체를 만나서 원주지회 대표로 16년 반 사역을 해왔습니다. 20여 년 '어린이 캠프'를 섬기면서 주님을 만나고, 은혜를 경험하고, 회복되고 주님께 헌신하는 아이들을 너무 많이 보았습니다.

그러는 가운데 필자는 "하나님, 한국교회를 섬기는 무료 캠프를 하고 싶습니다. 3만 원, 5만 원, 7만 원, 10만 원, 돈이 없어서 캠프에 참석 못 하는 교회와 어린이들이 많은데, 돈 안 받고 무료로 하고 싶습니다"라고 기도를 했었습니다. 그런데 한 번도 못 했습니다. 너무 안타까웠습니다.

무료로 하고 싶었지만, 선교단체는 재정이 어려워서 한 번도 할 수가 없었습니다. 그런데 이 교회 와서 그것이 응답이 된 것입니다. 얼마나 감사한지요! 드렸던 기도를 주님께서 거절치 않으시고, 이 교회와의 만남을 통해서 이 캠프가, 이 섬기는 사역이 시작되어서 얼마나 감사한지 모르겠습니다.

드디어 2015년 7월에 1회 캠프를 시작하여, 지금까지 이어지고 있습니다.

우리 교회의 가장 큰 사명 중 하나이므로 계속해서 이 사역들을 펼쳐가리라 생각합니다.

스파크 어린이 성령캠프의 목적

스파크 어린이 성령캠프를 준비하면서 7가지 목적을 선포했습니다.

01 하나님께 영광 돌린다.

첫 번째 목적은 캠프를 통해서 하나님이 영광 받으셔야 한다는 것입니다. 하나님의 뜻이 이루어지는 것입니다.
"우리의 입술을 통해, 마음의 고백을 통해 하나님 영광 받아주십시오. 우리의 모든 일을 통해서 하나님이 기뻐하시고, 하나님의 마음, 하나님의 꿈이 이루어지는 캠프가 되게 해 주십시오."

02 복음을 통해 예수 그리스도를 만나 구원의 확신을 가지게 한다.

두 번째 목적은 이 캠프에 참석한 모든 어린이가 예수님을 깊이 있게 만나게 하는 것입니다. 구원의 확신을 가지게 하는 것입니다. 예수님을 만나지 못하는 캠프는 헛된 것입니다. 밥 주려고 캠프를 하는 것이 아닙니다. 예수님을 만나게 하려고 하는 것입니다. 분명한 복음, 원색적인 복음이 분명히 전해지고 주님을 만나는 역사가 일어나는 캠프가 될 소원합니다.
다른 어떤 것으로 어린이들이 예수님을 만날 수 없습니다. 어린이들에게 줄 수 있는 최고의 선물은 예수 그리스도입니다. 어떤 것은 먹고 없어지고 망가지고 녹슬고 사라지는 세상의 선물도 있지만, 예수님을 어린이들에게 심어주면 영원히 없어지지 않는 영원한 선물이 되는 것입니다.

거창한 꿈은 아닐지 모르지만, 그냥 작은 목적이 있다면, 우리 아이들이 어릴 때 분명한 복음을 듣고 예수님을 만났으면 좋겠다는 이 소원 하나밖에 없습니다.

필자는 일찍 사역을 시작하게 됐습니다. 신학교 2학년 때부터 전도사로 사역을 했으니 목회자가 된 지 벌써 33년째 됩니다. 군대에서도 2년 동안 교회 주일학교 총무를 했습니다. 오랜 시간 사역을 하다 보니 벌써 이 구원의 확신을 가지고 성장하는 필자의 제자들이 많아졌습니다. 신학생이 되고, 선교사가 되고, 목사가 되는 친구들이 많아졌습니다.

제가 가르쳤던 아이들 가운데, "목사님, 집회를 좀 세게 해 주세요. 제가 어릴 때 목사님 설교를 듣고 예수님을 만났거든요. 그래서 제가 지금 전도사가 됐어요. 목사가 됐어요. 선교사가 됐어요"라고 고백하는 제자들이 많이 있습니다.

저에게도 자녀들이 네 명이 있는데, 둘째 아이가 초등학교 2학년 때 아빠가 전하는 설교를 듣고 캠프 때 주님을 만났습니다. 첫째 아이도 '글 없는 책'으로 주님을 만났습니다. 셋째 아이, 넷째 아이도 물론입니다.

그냥 목사 딸이라서, 집사 아들이라서, 교회를 다니고 찬송을 알고, 이런 것으로 구원받는다고 성경에 나오지 않습니다. 복음을 분명히 듣고 "예수님이 나의 구세주다. 예수님이 나의 주인이다"라고 고백하는 아름다운 축복이 캠프 때마다 일어나기를 간절히 원합니다. 그래야 그들의 삶이 변화되기 때문입니다.

03 성령님의 은혜를 경험하여 변화의 삶을 살게 한다.

세 번째, 성령께서 임하실 때, 성령께서 아이들의 마음을 만지실 때, 변화의 역사가 일어날 수 있습니다. 주님의 은혜가 경험되지 않으면 우리 삶에 변화가 일어나지 않습니다. 주님의 은혜가 경험되지 않으면 내 고집대로 살고 내 주장대로 삽니다. 어릴 때 성령님의 은혜를 경험하지 못하면 신앙인이 아니라 종교의식으로만 사는, 종교활동만 하는 어른들이 된다는 것을 명심해야 합니다. 성령님의 은혜를 통해 가정이 변화되고, 우리 아이들을 통해서 학교와 학원과 동네가 바뀌는 놀라운 역사가 일어나기를 간절히 기도합니다.

04 주님께 헌신함으로 쓰임 받는 생애가 되게 한다.

네 번째는, 일생을 헌신하는 것입니다. 목사나 선교사가 되는 것이 아니라, 존재의 헌신, "나는 하나님의 것입니다. 내가 나의 주인이 아니라 나의 주인은 하나님입니다. 그래서 나의 인생을 주님 앞에 드립니다"라고 고백할 수 있는 헌신입니다.

꿈 너머 꿈을 꾸는 것입니다. 장래에 교사를 하든, 의사를 하든, 변호사를 하든, 공무원이나 사업가를 하든, 어떤 직업을 가지든지, 돈 벌기 위해서가 아니라, 하나님의 영광을 위해 살아가는 것입니다. 하나님의 기쁨을 위해 살아가는 헌신의 결단이 있게 하는 것입니다.

그래서 저는 스파크 어린이 성령캠프를 하면 첫째 날 저녁에, 그 어떤 설교를 해도 복음을 분명하게 전하고 예수님을 믿게 하는 구원 초청을 반드시 합니다. 그리고 둘째 날에는 자신을 하나님 앞에 드리는 헌신 초청을 합니다.

필자는 1984년 7월, 고등학교 2학년 때 주님 앞에 헌신했습니다. 수련회 때, 지금도 잊을 수가 없습니다. 주님께서 그때 저의 헌신을 잊지 않으시고 받아주셨고, 한평생 주님께서 저를 인도해주셔서 지금도 쓰임 받고 있습니다. 얼마나 감사한지 모르겠습니다.

일평생 한 번 주님께 헌신하는 것이지만 내 존재를 주 앞에 올려드리는, 부활하신 주님과 함께 살고 그분의 통치와 다스림 속에 살아가는 전인적인 헌신이 일어날 수 있기를 간절히 바랍니다.

05 교사들과 어린이들이 하나 되어 교회가 연합을 이룬다.

다섯째, 교회들이 함께 오시니까, 목사님과 아이들이 하나가 되고, 어린이들과 교사가, 어린이들과 어린이들이 하나가 되는 연합을 목표로 삼고 있습니다. 서로 손 붙잡아주고, 기도해주고 축복해주고, 함께 울고, 함께 웃고, 함께 자고, 함께 먹고, 함께 부딪히고, 함께 물놀이하고 그래서 하나 되는 교회가 되기를 바라고 있습니다.

교사들이 어린이들을 일주일에 한 번 교회에서 만나면 어린이는 교사들과 친구들 앞에서 자신을 속일 수도 있습니다. 하지만 2박 3일을 함께 자고, 함께 먹고, 함께 놀고, 함께 울고 웃으며, 함께 예배하면 단점도 장점도 다 드러납니다. 그래서 형식적인 관계가 아니라, 어린이들을 위해 진심으로 기도해주고 사랑해주면 어린이들과 하나 되는 좋은 기회가 되는 것입니다.

06 평생 잊을 수 없는 신앙의 추억을 만들어 승리 생활을 하게 한다.

이 캠프의 이름을 '스파크'(spark)라고 정했습니다. 'spark'는 '불꽃', '촉발하다', '일으키다' 등의 뜻이 있는 단어입니다. 이 캠프를 통해 어린이들이 우리 주님을 만날 수 있도록 촉발하고 '불꽃' 같은 성령의 체험을 하기 원해서 '스파크'라고 이름을 지은 것입니다.

스파크 어린이 성령캠프를 통해서 어린이들에게 평생에 잊지 못할 간증이 생기면, 인생을 살아가면서 큰 힘이 되고 승리 생활을 할 수 있게 될 것입니다. 필자도 예수님을 인격적으로 만나고, 하나님의 은혜를 받았던 그때와 장소를 35년이 지났음에도 불구하고 생생하게 기억합니다. 그 은혜가 좋은 추억이 되어 지금도 기억이 나고 살아가면서 큰 능력이 됩니다.

어린이들도 스파크 어린이 성령캠프에서 강력한 은혜를 경험하면 신앙의 좋은 추억이 되는 것이고 주님께서 그 아이들을 아름답게 쓰실 것입니다.

07 다음 세대 신앙교육의 전초기지가 된다.

스파크 어린이 성령캠프를 통해서 우리 교회가 다음 세대 신앙교육의 전초기지가 되면 좋겠습니다. 어려운 이 시대에, 다음 세대를 위해 최전방에서 외치고 쓰임 받는 교회가 되기를 간절히 원합니다.

스파크 어린이 성령캠프의 진행

스파크 어린이 성령캠프는 구체적으로 이렇게 진행합니다.
먼저 조직을 두 기둥으로 나눕니다.

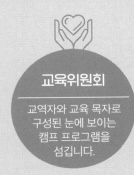

교육위원회

교역자와 교육 목자로
구성된 눈에 보이는
캠프 프로그램을
섬깁니다.

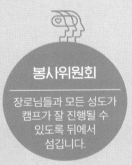

봉사위원회

장로님들과 모든 성도가
캠프가 잘 진행될 수
있도록 뒤에서
섬깁니다.

교육 목자 중심으로 교육위원회가 있고, 성도들로 구성된 봉사위원회가 있습니다.
우리 장로님들과 성도님들이 얼마나 잘 섬기시는지 모릅니다. 그래서 교육위원회
와 봉사위원회, 두 개로 크게 나누어서 1년 전부터 내년을 위한 주제를 무엇을 할지,
어떻게 섬길지 고민하고, 기도하는 가운데 준비하고 있습니다.

교육위원회

1) 찬양팀, 싱어, 율동, 악기
2) 이동학습
3) 주제설교 및 드라마
4) 어린이 부흥회
5) 개막 축제와 폐막식
6) 교사세미나
7) 셀러브레이션(celebration)
8) 환영식
9) 오후 활동 프로그램
10) 스파크 오리엔테이션 강습회

봉사위원회

1) 기획재정부(기획팀, 재정팀, 자료기록팀)
2) 안내영상부(안내팀, 사진 영상팀, 음향, 조명팀)
3) 시설미화부(데코팀, 에어 바운스팀)
4) 차량봉사부
5) 홈스테이부
6) 관리부
7) 급식지원부(식사팀, 식당지원팀)
8) 간식부
9) 주차안전부(주차팀, 의료안전팀)
10) 기도사역부

정해진 주제에 따라 교육위원회에서 직접 프로그램을 개발합니다. 원고를 쓰고 콘티를 만들고 세부적으로 시범과 혹독한 연습을 통해 1년 내내 최고의 내용을 만들어 내기 위해 준비합니다. 주제가를 작사, 작곡하고, 찬양을 준비하고, 율동과 의상과 데코를 준비합니다.

전신갑주(2015), 교회(2016), 전도(2017), 치유(2018), 예수 그리스도(2019), 5년간의 주제입니다. 스파크는 매년 주제를 바꾸어서 진행하고 있습니다.

오전 이동학습뿐 아니라 모든 시간마다 우리 교회 교사들이 다 강사로 세워집니다. 1년 동안 준비한 만큼 어느 캠프보다도 전문성, 탁월성으로 준비되도록 교육전문가가 총지휘합니다.

저녁 어린이 부흥회도 평생 전국의 교회와 단체의 어린이 부흥 집회와 교사세미나를 2천 회 이상 인도한 필자가 직접 진행하고 있습니다.

어린이들과 이동학습을 진행할 때, 교회 옆 대성고등학교 강당에 가서 필자는 참석하신 목회자와 교사들과 함께 교사세미나를 진행합니다. 다음 세대의 중요성, 교사의 중요성을 나누며 구체적인 교회와 다음 세대를 살리는 대안을 제시하고 함께 다음 세대를 위해 기도합니다.

봉사위원회는 장로님들을 중심으로 온 성도가 다 참여합니다. 10개의 부서에 성도들이 들어가서 함께 매주 모여서 준비하고 또 준비하며 점검합니다.

이 일을 위해서 구체적인 준비를 합니다. 제일 먼저 오랜 기간 기도를 하고 있습니다. 모일 때마다 기도하고 있고, 집회 때마다 기도하고 있고, 예배 때마다, 주일 예배, 찬양 예배, 새벽예배로 모일 때마다, 목장에서도 스파크를 위해서 계속 기도하고 있습니다. 기도 책자를 모든 성도에게 나누어 주고 어디서든지 기도합니다. 필자도 금식기도 순서가 되면 기도 책자를 눈을 뜨고 읽으면서 기도합니다.

특별히 성경 인물 중 느헤미야가 예루살렘 성벽이 무너졌다는 소식을 동생에게 듣고, 가슴이 아파서 잠을 이루지 못하고 애통하며 눈물로 금식기도를 하였습니다. 그 결과 하나님께서 느헤미야에게 지혜를 주시고 담대함을 주셨습니다. 또 하나님께서 왕의 마음을 움직여 주셔서 느헤미야의 부탁을 허락해 주셨습니다. 왕은 휴가를 주고, 무너진 예루살렘 성벽을 세울 수 있도록 건축재료를 다 제공해줍니다. 결국, 느헤미야는 성벽 짓는 일을 반대하는 사람이 있었지만 52일 만에 예루살렘 성벽이 재건되었던 일에 쓰임 받을 수 있었습니다.

스파크 어린이 성령캠프도 전 성도들이 52일 동안 릴레이로 금식기도를 합니다. 그래서 한 끼 당 적으면 10-20명, 많게는 60-70명씩 52일 동안 어린이부터 온 충정의 식구들이 금식하고 기도하고 있습니다. 캠프를 위해 금식하며 기도하는 연인원 삼천 명이 넘습니다. 스파크에 참석할 교회에도 기도 제목을 보내주어 같이 동참할 수 있기를 적극적으로 권하고 있습니다. 이 기도가 쌓이면 스파크 어린이 성령캠프 현장 가운데 주의 은혜가 넘쳐나는 것입니다.

스파크는 550명으로 인원 제한을 합니다. 왜냐하면, 교회다 보니 부대시설이 열악하고 부족합니다. 사실 넓은 장소가 많이 있으면 1,000명, 2,000명도 모시고 싶은데, 그렇지 않기 때문에 550명으로 인원을 정했습니다.

550명의 숙박도 보통 일이 아니지 않습니까? 교회 마룻바닥에 재우고 싶지는 않았습니다. 정말 귀하게 섬기고 싶었습니다. 그래서 첫 회부터 결단하고 성도님들에게 부탁을 드렸습니다. "귀한 손님이 오시는데, 우리 각자의 집에 모시면 어떻겠습니까? 우리 집을 하나님 나라를 위한 전진기지로 사용되게 합시다. 홈스테이합시다"라고 성도들에게 호소하며 촉구했습니다.
호텔이 아닙니다. 그냥 여러분의 집처럼 어떤 곳은 15평, 어떤 집은 30평, 50평입니

다. 어떤 집이 배정될지는 모릅니다. 밤 10시 정도에 집회가 끝나면 이동합니다. 성도님의 집에 가서 함께 교제하고, 간식 먹고 기도하는 시간을 갖습니다. 아이들과도 오늘 주신 하나님의 은혜에 감사하는 시간을 나누며 씻고 내일을 위해 잠을 청합니다. 또 아침에 교회 오셔서 식사하고, 프로그램에 참여합니다.

잘 모르겠지만, 전 세계에서 550명이 2박 3일 홈스테이하는 캠프는 스파크 캠프밖에 없는 것 같습니다. 성도님들께 정말 감사하고 자랑스럽습니다.

또 그 밤에도, 다음 날 아침에도, 550명을 실어 나를 차들이 쫙 준비될 것입니다. 집 주인이나 봉사자가 안전하게 가정으로 모시고 갑니다.

우리 봉사팀이 매일 150~200명 정도 됩니다. 700~800명분 식사를 매끼 준비합니다. 설거지도 어마어마하겠지요? 우리 성도님들이 다 와서 같이 준비하고 아주 맛있게 정성을 다해서 참가자들을 잘 섬기고 있습니다. 영양과 맛을 고려하고 어린이와 어른 식단을 고민하며 신선한 재료로 최고로 맛있게 준비하고 있습니다.

이 스파크 봉사를 위해 휴가를 내고 오시는 분들도 많습니다. 휴가가 어려우신 분은 반찬을 내고, 그것도 어려우신 분은 새벽에 와서, 아니면 저녁에 와서 봉사하고 갑니다.

스파크 사역은 주일학교 부서 사역이 아니고 충정교회 전체 사역입니다. 스파크를 위해 재정이 4천만 원 정도 소요됩니다. 저희가 직접 강사진으로 배치되기 때문에 에어바운스나 찬양과 레크리에이션 특별 강사만 초대합니다. 식사와 간식과 티셔츠와 프로그램에 필요한 모든 것들을 준비합니다.

어린이부터 모두가 1계좌에 2만 원씩 자율로 헌금을 드립니다. 어떤 분은 충정 교인도 아니신데 너무 귀한 사역에 동역하고 싶다며 특별헌금을 보내오기도 합니다. 성도들이 헌금도 하시고, 시간도 쓰시고, 봉사도 하십니다. 모두 사명을 가지고 힘에 겹도록 동참하십니다.

이러니 스파크가 은혜가 넘치지 않을 수가 없습니다. 교회를 경험하신 550명의 감격의 간증을 들으며 우리는 하나님이 하신 일을 보며 새 힘을 얻고 있습니다.

천국을 누리고 나누는 교회

천국의 기쁨을 누리는 교회, 나누는 교회, 이것이 우리 충정 교회의 비전입니다. 우리가 행복을 못 누리면 못 나눕니다. 먼저 우리가 은혜를 누리자는 마음이 있습니다.

스파크를 하면서 누리는 큰 복은 교회를 경험하는 것 같습니다. 교회라는 곳이 한 번 모였다가 예배하고 흩어지는 정도가 아니라, 교회가 그리스도의 몸이니까 함께

부딪히고 함께 땀 흘리고, 함께 섬기면서 '이게 교회구나! 이게 그리스도의 몸이구나'라고 모든 성도가 느껴야 합니다. 모두가 다 천국 백성이므로 같이 부딪힐 때 교회를 경험하는 것입니다.

우리 교회가 돈을 투자해 캠프장을 대여해서 편하게 할 수 있습니다. 그런데 우리 교회에서 하는 이유는, 성도님들의 집에서 잠을 자는 이유는, 참석하시는 분들이 보시라고 그렇게 합니다.
우리 성도들이 집을 개방해서 기쁨으로 섬기는 모습 속에 교회를 경험하지 않겠습니까? 그리고 여기서 은혜받은 것이 조금이라도 있다면, 그들의 인생에서, 그들의 교회가 또 다른 교회와 또 다른 사람들에게 흘려보낼 수 있는 일들이 많이 일어날 수 있으면 좋겠습니다.
작년에도 우리 교회보다 5배, 10배 큰 교회들이 탐방 오셨습니다. 매년 그 교회의

지도자들이 2박 3일을 그대로 배우고, 우리가 작년에 한 것을 올해, 올해 한 것을 내년에 사용할 수 있게 해달라고 하십니다.

또한, 스파크에 지역 교회는 신청받지 않습니다. 지역의 아이들이 오면, 지역 교회에 오해의 여지도 있고, 게다가 필자의 부부가 지역 선교단체 사역을 했었기 때문에 선교단체를 보호하려는 마음이 있습니다.

스파크를 섬기니까 하나님께서 우리 교회에 엄청난 축복을 주셨습니다. 우리의 마음이 넓어졌습니다. 마음이 넓어지면 다 된 것 아니겠습니까! 우리 성도들의 그릇이 커졌습니다. 믿음의 분량이 커졌습니다. 550명이 여기서 함께 찬양하고 예배드리는 것을 성도들이 봅니다. 그러면서 우리 교회 성도들의 가슴이 뛰는 것입니다. 미래가 보이는 것입니다. 성도들이 섬길 수 있는 교회로 세워주셨습니다.

또 스파크를 통해서 하나님께서 우리 교회가 해외에 1년에 한 교회씩 교회 건축을 할 수 있게 해 주셨습니다. 아프리카 짐바브웨에 교회를 세웠습니다. 필리핀에 산타루시아 교회를 세웠습니다. 인도네시아 나모뿔리에 교회를 세웠습니다. 하나님이 한국 교회와 다음 세대를 섬기는 것을 너무 기뻐하십니다. 이것이 스파크의 축복이 아닌가 싶습니다.

더 많은 분들에게 혜택을 드리기 위해 한 교회에서 어린이, 교사 포함하여 30명으로 인원 제한을 하고 2년만 오실 수 있도록 제한을 했습니다. 참석한 교회들이 오시면 우리 교회가 점점 좋아지는 것을 느끼실 수 있을 것입니다. 올해는 복잡하고 힘들었던 주차난을 위해 많이 기도했는데 드디어 하나님이 주차장도 확보해 주셨습니다.

스파크로 다음 세대를 섬기는 일을 하니까 하나님께서 이렇게 은혜를 우리 교회에 더 많이 주셨다는 사실을 확실히 느끼게 됩니다. 더 아름답게 쓰임 받기를 기도합니다.

이 일을 위해 사람을 보내 달라고 기도했더니 하나님께서 동서남북에서 귀한 분들을 많이 보내주셔서 양적, 질적 성장도 이루어 주고 계십니다.

오히려 전국에서 오시는 모든 교회 덕분에 우리가 복을 받고 있습니다. 더 잘 섬기라고 하시는 하나님의 사인으로 알고 최선을 다해서 섬기겠습니다.

손주원 어린이

이번 스파크 어린이 성령캠프는 재미있고, 뜻깊고 배운 것이 많았습니다. 처음에 아는 동생에게 소개받아 함께 오게 되었습니다. 저는 그냥 은혜받으러 온 것이 아니라 동생들과 놀기 위해, 수다 떨기 위해 온 것이었습니다. 그런데 저녁 집회 때 설교를 들으며 점점 마음이 바뀌어 가는 것을 느꼈습니다. 처음에 찬양하고 율동 하는 것이 부끄럽고, 쑥스럽고 사람들의 시선이 따가웠는데 김 브라이언 선생님께서 그것을 다 깨주셨습니다. 김 브라이언 선생님께서 열정적으로 찬양하시는 모습이 정말 은혜로웠습니다. 즐겁고 신나게 찬양하시는 모습을 본받고 싶었습니다.

첫째 날 어린이 저녁 집회할 때 은혜받게 해달라고 기도했습니다. 기도할 때 예수님께서 십자가에 달려 돌아가신 것이 생각났습니다. 정말 예수님께 죄송하고, 미안했습니다. 왜냐하면, 나의 죄 때문에 예수님이 십자가에 달려 돌아가셨기 때문입니다. 기도를 열심히 하던 도중 갑자기 눈물이 났습니다. 나만 혼자 우는 줄 알고 빨리 눈물을 닦고 아무 일 없었던 듯이 했습니다. 그러고 주변을 보니 친구, 동생들이 모두 은혜받아 눈물을 흘리고 있었습니다. 그 뒤로 눈물 흘리는 것을 부끄러워하지 않기로 했습니다. 다음날 수영을 했는데 정말 재미있었습니다. 버블쇼, 풍선 쇼도 정말 재미있었습니다.

둘째 날 저녁 집회 때 말씀이 좋았습니다 "예수님 죄송해요"라는 제목이었는데 제목부터 예수님께 죄송하다는 생각이 많이 났습니다. 그렇게 기도회 시간에 친구에게, 가족에게, 이웃에게 실수하고 죄지었던 것을 회개했습니다. 그리고 입으로는 "하나님, 사랑해요"라고 말하고 행동으로 죄짓지 않을 거라고 고백했습니다. 스파크 캠프는 정~말 재미있었고, 은혜도 많이 받았습니다. 다음에도 캠프가 열리면 꼭꼭 참석하고 싶습니다. 앞으로도 더 은혜 주시고 지켜주실 주님을 기대합니다.

송한승 어린이

이번에 두 번째 스파크 캠프에 왔는데, 확실히 더 좋은 것 같습니다. 이번 캠프에서 회개하고 앞으로 어떻게 살아야 할지 알게 되었습니다. 예수님의 크신 사랑에 보답해드리지 못하고 제멋대로 살았지만, 주님의 자녀처럼 행동하고, 세상에서 당당하게 나는 하나님을 믿는다고 얘기할 수 있는 사람이 되도록 노력하겠습니다. 말로만 "사랑합니다. 죄송합니다"가 아니라 진심으로 행동하고 내 주위에 있는 친구들이 예수님의 그 큰 은혜, 사랑을 깨닫고, 하나님께 회개하고, 주님을 믿게 해달라고 기도할 것입니다.

스파크 캠프에 많은 점을 제공해주신 분들께 감사드립니다. 홈스테이도 좋은 환경에서 잘 수 있도록 제공해주신 분께도 감사드립니다. 앞으로 계속될 스파크 캠프에 주님의 말씀을 전하실 목사님, 선생님들께 주님께서 큰 은혜를 내려주시기 원합니다. 스파크 캠프를 열어주신 충정교회에 감사합니다.

배수아 어린이

스파크 캠프에 와서 정말 좋았고 설레었다. 충정교회가 크고, 마중을 나와주셔서 벌써 흥분이 되었다. 내 생각대로 재미있어서 기분이 너무 좋았다. 김 브라이언 선생님이 처음부터 신나게 해주셔서 너무 좋았다. 그리고 개막 축제가 너무 신났다.

스파크 캠프 자체가 다 신이 나는 것 같다. 저녁 식사 시간은 정말 좋았다. 음식이 Wow! 찬양도 역시 은혜로웠다. 최규명 목사님의 설교도 재미있었다.

목사님의 목소리가 귀에 쏙쏙 들어와 좋았고, 예수님이 십자가에 왜, 어떻게 그렇게 되셨는지 더욱 잘 알게 되었다.

마치고 홈스테이로 가는데 집도 너무 좋고, 부부 집사님이 잘 챙겨주셔서 정말 감사했다. 덕분에 잠도 잘 자고 아주 좋았다. 둘째 날, 일어날 준비를 하고 밥을 먹었다. 역시나 맛있었다. 스파크에서 더 있고 싶을 정도였다. 하지만 하루밖에 남지 않아서 슬펐다. 다음에 또 왔으면 좋겠다. 아침에 찬양, 율동을 해서 기분이 좋았다.

권미진 목사님께서 주제설명을 너무 잘해주셔서 재미있었다. 그리고 4팀으로 나누어 코너학습을 하는데 포도나무, 선한 목자, 세상의 빛, 생명의 떡으로 나누어 했다. 우리는 선한 목자팀이라 먼저 선한 목자 코너 학습관에 들어갔는데 선한 목자의 뜻이 무엇인지 잘 알게 되었다.

다른 코너들을 통해서도 재미있게 잘 배울 수 있었다. 성경 말씀으로 진행해서 더욱 좋았던 것 같다. 점심을 맛있게 먹고 조금 쉬다가 수영복으로 갈아입고 본당에 앉아 재미있는 버블쇼를 보고 워터 페스티발에서 신나게 놀았다.

스파크 캠프는 정말 설교부터 밥까지 완전 최고! 마지막 저녁 찬양을 배우고 최규명 목사님의 설교를 들으며 '나도 죄를 빨리 회개해야지'라는 생각이 들었다.

"좋으신 하나님 아버지, 감사합니다. 스파크 캠프에 올 수 있게 해주셔서 감사합니다. 저를 인도하셔서 은혜받게 하시고 예수님의 말씀을 알려주셔서 감사드립니다. 하나님, 제 죄를 회개합니다. 저는 너무 많은 죄를 지었습니다. 회개합니다. 예수님을 배신하지 않겠습니다. 포도나무, 선한 목자, 세상의 빛, 생명의 떡처럼 살아가는 제가 되게 해주세요. 저의 기도를 받아주세요. 예수님의 이름으로 기도드립니다. 아멘."

최규명 목사님이 알려주신 기도방법으로 해보았는데 진짜 기도를 한 것 같다. 기분이 너무 좋고 스파크 캠프에 오길 참 잘한 것 같다. 스파크 관계자분들이 너무 잘해주셔서 기분이 좋고 3일 동안 즐겁고 알차게 보낸 것 같아서 정말 좋았다.

장성정 교사

열정적으로 섬겨주신 충정교회에 감동입니다. 기도로 준비하게 하시고 오직 복음으로 어린 심령들을 가르쳐 주심에 감사드립니다. 스파크 어린이 성령캠프를 통해 우리의 미래 지도자들이 예수님을 똑바로 믿고 예수님을 떠나지 않는 아이들로 자라기를 기도합니다.

저녁 집회를 통해 우리의 죄를 회개하며 어린아이들을 위해 기도하지 못했고, 교사로서 열심이 없었고 게을렀던 모습과 저같이 아무것도 아닌 사람을 교사로 세워주셨는데 주님께 너무 불충한 모습으로 살아왔던 것을 회개하게 하셨습니다.

용서뿐 아니라 주님께 제 삶을 드릴 수 있도록 계속 도우심을 바라며 앞으로 맡겨주신 아이들을 위해 기도하고 관심과 사랑으로 예수님께서 맡기신 영혼들을 위해 최선을 다하기를 다짐해 봅니다. 주신 뜨거운 마음이 식지 않도록 기도해주십시오. 감사합니다.

이상준 목사

먼저 "스파크 어린이 성령캠프"로 인도해주신 하나님께 감사와 영광을 올려드립니다. 지인의 소개로 신청을 하고, 기대감으로 4개월을 기다렸습니다. 비록 저희 가정이 아이들 2명만 오게 되어, 한 가정이 참석하게 되었지만, 우리 가족 모두에게 소중한 기억과 경험이 되었습니다.

한 번도 이런 캠프에 참석해 본 적이 없고, 교회 자체적으로 수련회나 성경학교도 제대로 못 해본 아이들에게 더없이 큰 선물이 되었습니다. 잘 적응하고 따라하는 아이들을 보며, 하나님께서 얼마나 이 아이들과 우리 가정을 사랑하시는지를, 또한 이날을 얼마나 기다리고 기다리셨을 하나님의 사랑에 감사와 감격의 뜨거운 눈물이 흘렀습니다.

아직은 낯설지만, 주님을 만나고 또한 만나주신 주님을 아이들이 잘 기억하는 것 같습니다. 이것이 계기가 되고, 변화가 되고, 새로운 시작점과 출발점이 되어, 예수 부흥의 점화가 되길 신망해봅니다. 그렇게 역사하시려고 이곳 스파크에 부르셨음을 또한 믿습니다. 하나님은 참 좋으신 분입니다. 다음 세대를 향한 뜨거운 관심과 사랑, 잘 배우고 갑니다.

잊지 못할 캠프, 아이들에게 지워지지 않을 주님과의 만남을 깊이 체험하게 하신 사랑의 하나님을 찬양합니다. 사랑의 하나님께서 충정교회와 담임목사님을 귀하게 사용하실 것입니다. 사랑합니다!

김미정 교사

먼저 스파크 성령캠프에 보내주신 하나님의 은혜에 감사드립니다. 무료로 참가할 수 있는 캠프가 있다는 소문에 반신반의하며 참여하였습니다.

그런데 7월 8일 O.T에 참석하여 최규명 목사님과 사모님의 캠프 안내를 받고 완전히 하나님의 은혜로 저희 애들이 참석하게 됨을 알고 감사하며 교사들과 열심히 기도하고 기대하며 참여했습니다. 아이들이 한 명도 빠짐없이 예수 그리스도를 깊이 알게 하고자 캠프에 참석하도록 아이들과 부모님께 말씀드려 많은 어린이들이 참석했습니다.

첫째로, 최규명 목사님의 다음 세대를 살려야 한다는 열정과 목사님 혼자서 하실 수 없는 큰 비전에 온 성도가 목사님의 열정에 하나가 되어 함께 확신하고 동참함에 놀랍고, 감사했습니다.

모든 프로그램에 하나도 소홀함이 없이 전 성도님들이 준비하시고 봉사에 헌신적이시고 몸소 실천하는 모습이 천국의 모습을 본 듯 감동이었습니다. 충정교회로 인해 한국교회에 희망이 보이고 또 참석한 교사들과 아이들로 대대로 이어질 하나님의 역사하심이 기대되어 가슴이 설레고 뜨겁습니다. 모쪼록 한 해, 한 해 지날 때마다 더욱 성숙하고 변질되지 않는 복음이 확장되는 귀한 사역이 길이 길이 이어지고 발전되길 기도드리겠습니다. 감사합니다.

문현경 사모

2년 전 스파크 캠프에 참석하여 많은 은혜를 받고, 다시 오고 싶은 마음으로 접수를 했다가 조기 마감으로 대기 교회로 설레는 마음으로 기다리던 중 하나님의 은혜로 제5회 스파크 어린이 성령캠프에 참여하게 되었습니다. 따뜻한 마음과 사랑으로 섬기시는 목사님, 교역자님들, 그리고 모든 성도님의 섬김을 보고 마음에 닮고 싶었습니다.

첫째 날, 둘째 날의 저녁 어린이 부흥집회는 관중으로 있던 아이들이 마음의 문을 조금씩 열고 예배자로 서가는 귀한 모습을 보게 되었습니다. 다음 세대가 다른 세대가 되어서는 안 된다는 교사 세미나 시간의 목사님 강의는 가슴에 와닿았습니다. 모세는 다음 세대 지도자인 여호수아를 세웠지만, 여호수아의 다음 세대는 그런 지도자를 세우지 못했다는 말씀에 우리의 다음 세대가 주께 돌아오도록 씨 뿌리며 헌신해야겠다는 각오를 하게 되었습니다.

마지막 날 어린이 부흥집회는 멈출 수 없는 찬양이었습니다. 베드로의 "주님 잘못했어요" 고백이 나의 고백이며 더 인내하며 주께 배우고, 받고, 듣고, 본 바를 행하는 교사가 되어야겠다는 다짐을 하게 되었습니다. 귀한 은혜의 자리에 초대해 주신 것을 감사드리며, 충정교회를 통해 받은 은혜를 가슴에 담고 주님 오시는 날까지 전진하는 교회가 되겠습니다. 다음 세대를 통해 하실 주님의 역사를 기대합니다. 감사합니다.

김용대 목사

스파크 어린이 성령캠프가 주변에서 좋다는 이야기를 듣고 기대감이 생겨 친구들과 함께 오기로 정하게 되었습니다. 그 기대감은 O.T에 참여하며 어느덧 확신으로 바뀌게 되었습니다. 전 교회의 참여와 담임목사님의 목회 방침을 통해 다음 세대에 대한 비전을 느낄 수 있었고, 우리 소년부 친구들이 많은 은혜를 경험할 수 있으리라 기대하며 기도로 준비하게 되었습니다. 말씀과 찬양, 기도를 통한 은혜와 더불어 가장 인상 깊었던 점은 우리 다음 세대 친구들이 철저히 '주인공' 이 되는 수련회의 분위기였습니다.

장로님들을 비롯한 모든 성도님이 하나가 되어 우리의 다음 세대들을 열심을 다해 섬겨주시는 모습이 너무 멋있어 보였으며, 그 사랑과 정성... 오직 하나님으로부터 흘러나와 우리 아이들에게까지 흘러가는 모습을 바라보는 저에게 큰 은혜가 되었습니다. 스스로에게도 많은 도전이 되는 시간이었습니다. 저에게 주신 달란트를 교회 안에서 우리 다음 세대들을 위해 어떻게 활용할 수 있을지 많은 고민을 하게 되었습니다.

무엇보다 이 시간을 통해 우리 친구들이 하나님과 더 가까워지고 삶의 변화가 일어나 모든 삶의 방향성이 하나님께로 향할 수 있기를 간절히 소망합니다. 캠프를 위해 눈물과 기도와 헌신으로, 열심을 다 해주신 모든 충정교회 성도님들께 진심으로 감사의 마음을 전합니다.

God bless you!

SPARK

스파크 어린이 성령캠프 주제곡

최규명 작사
김영나 작곡

성령이 임하시면

최규명 작사
김영나 작곡

초판 1쇄   2020년 1월 10일

지 은 이 _ 최규명

펴 낸 이 _ 김현태

디 자 인 _ 디자인 창(디자이너 장창호)

펴 낸 곳 _ 따스한 이야기

등   록 _ No. 305-2011-000035

전   화 _ 070-8699-8765

팩   스 _ 02- 6020-8765

이 메 일 _ jhyuntae512@hanmail.net

따스한 이야기 페이스북

https://www.facebook.com/touchingstorypublisher

따스한 이야기는 출판을 원하는 분들의 좋은 원고를
기다리고 있습니다.

가격 14,000원